新高考来了
怎么看 怎么办

Xingaokao Laile Zenmekan Zenmeban

顾明远 翟 博 主编

高等教育出版社·北京

内容简介

本书根据国务院颁布的《国家中长期教育改革和发展规划纲要(2010—2020年)》《关于深化考试招生制度改革的实施意见》等文件精神,针对高考改革背景、招生政策变化、高考内容调整、高考命题导向、高考新政试点经验等内容,以疑问解答的方式,从政策原文、权威解读、域外视角、案例等方面对相关问题进行阐释。全书分为三大部分,共14章,梳理了人们广泛关注的50个涉及考试招生制度改革的疑问。同时,本书还配有与高考新政相关的政策文件全文、相关论述以及高考新政动态、专家访谈录视频等资源,读者可通过扫描二维码浏览。本书可作为教育管理人员、中小学教师、学生家长及学生深入了解高考新政所用。

图书在版编目(CIP)数据

新高考来了,怎么看,怎么办 / 顾明远,翟博主编. -- 北京:高等教育出版社,2016.5(2017.5重印)
ISBN 978-7-04-045194-8

Ⅰ. ①新… Ⅱ. ①顾… ②翟… Ⅲ. ①高考-研究-中国 Ⅳ. ①G632.474

中国版本图书馆CIP数据核字(2016)第074953号

策划编辑	傅雪林	责任编辑	傅雪林	封面设计 张志奇	版式设计 张志奇
插图绘制	杜晓丹	责任校对	高 歌	责任印制 田 甜	

出版发行	高等教育出版社	网 址	http://www.hep.edu.cn
社 址	北京市西城区德外大街4号		http://www.hep.com.cn
邮政编码	100120	网上订购	http://www.hepmall.com.cn
印 刷	北京信彩瑞禾印刷厂		http://www.hepmall.com
开 本	787mm×960mm 1/16		http://www.hepmall.cn
印 张	15.75		
字 数	200千字	版 次	2016年5月第1版
购书热线	010-58581118	印 次	2017年5月第3次印刷
咨询电话	400-810-0598	定 价	36.00元

本书如有缺页、倒页、脱页等质量问题,请到所购图书销售部门联系调换
版权所有 侵权必究
物 料 号 45194-00

序 言

2014年9月4日，考试招生制度改革方案终于在千呼万唤中出台了。为什么在《国家中长期教育改革和发展规划纲要（2010—2020年）》（以下简称《教育规划纲要》）发布三年后考试招生制度改革方案才迟迟出台？因为这个问题太重要了。从宏观上来说，它关系到社会公平、科学选才、培养优秀人才，为社会主义现代化建设提供优质的智力资源，增强国家的综合实力；从微观上来说，它关系到一个家庭的幸福，一个学生一生的成长发展，事关千家万户。因此，改革要慎之又慎，要符合我国的国情，既能科学地选拔人才，又能促进社会公平。

回顾1977年邓小平提出恢复高考这一件事，不仅改变了几代青年的命运，也为我国改革开放以后的经济社会建设提供了有力的人力资源支撑。近四十年来，考试招生制度不断改进完善，为国家选才、学生成长、促进公平做出了重要贡献，得到了社会认可和肯定。但是，随着时代的发展、社会的变革、高等教育进入大众教育阶段，现行的考试招生制度也暴露出不少问题。主要是唯分数主义、一考定终身，加剧了考试竞争，加重了学生课业负担，不利于学生健康成长；区域之间、城乡之间入学机会存在差距，不合理的加分政策及个别地区违规造假行为引起群众不满。因此，普遍认为，考试制度不能废，但必须改革完善。

考试招生制度常被看成教育教学的指挥棒。许多校长、教师反映，考试制度不改，素质教育无法推行。所以，考试招生制度改革牵到了教育领域改革的"牛鼻子",必然会推动整个教育领域的改革和发展。

"应试教育"被教育界诟病了几十年,但"应试教育"的背后是唯分数主义、一考定终身,"分分分,是学生的命根"。于是,学校也好,家长也好,不顾学生的健康,不问学生的品德,只顾给学生加码,把学生训练成缺乏创造思维、缺乏实践能力、只会机械做题的"机器"。为了改变这种状况,必须改革考试方法和内容,建立科学的评价制度,使之有利于学生的健康发展,有利于科学地选拔人才,促进社会公平。

这次考试招生制度改革方案总的目标是,要形成分类考试、综合评价、多元录取的考试招生模式,健全促进公平、科学选才、监督有力的体制机制,构建衔接沟通各级各类教育、认可多种学习成果的终身学习"立交桥"。根据这个总目标,方案制定了几项重大改革措施,这些改革措施不仅能促进公平、科学选才,而且必将引领、指挥教育领域的综合改革,推进素质教育。

第一,改进评价制度。高中实行学业水平考试和综合素质评价。高中学业水平考试,学完一门考一门,不再实行百分制,而以"等级"或"合格、不合格"来评价学生的学业水平。这是一项重大的改革,体现了把立德树人、促进学生的全面发展和个性发展作为教育的根本任务。学校要重视学生综合素质的培养,努力提高教育教学的水平。结合当前高中课程改革,评价制度的改革有利于学生根据自己的兴趣和优势,选学与将来高考专业有关的科目,有利于人才的成长。综合素质评价考查学生平时的品德表现、身心健康状况、实践能力、自我管理能力等。学业水平考试和综合素质评价将分别成为将来高等学校录取的依据和参考,改变一考定终身的弊端。

第二,改革高考的方式和内容。在试点省市,保持统一高考语文、数学、外语三门,考试不分文理,外语还可以进行两次考试,将最好成绩计入高考总分。另外,学生自愿选择三门学业水平考试的成绩,供高校录取使用。这就减轻了学生在统考时的负担，使其重视平时的学习。高中不再分文理科，可以有效避免偏科的现象，促进学生全面发展。有人可能会质疑，不分文理科，怎么体现因材施教，照顾学生的差异？其实当前高中课程改革的方向具有多样性，减少必修课，增加选修课，学生可以根据自己的兴趣和志向，选学不同的科目，充分发掘自己的潜能，同时把学业水平考试最好的科目作为高校录取的条件，学生和高校双向选择，这样才能真正做到因材施教，照顾到不同学生的差异，有利于学生的全面发展与个性发展的统一。

第三，实行分类考试。高等职业院校只凭高中学业水平考试成绩和必要的相关技能考核即可录取。这就使一部分学生解脱了统一高考的束缚，有利于他们发挥特长。同时，根据终身教育的理念，在顶层设计上构建衔接沟通各级各类教育、认可多种学习成果的终身学习"立交桥"。任何一名学生，只要他有意愿和能力，都能取得更高层次学习的机会。这项改革可以改变千军万马挤向独木桥的局面，减轻了一部分动手能力强、理论学习较差的学生的心理压力和考试负担，也有利于高中阶段的教育改革。当然，目前由于受长期世俗偏见的影响，不少家长不认可高等职业教育。但随着改革的深入和社会的发展，教育观念会转变，高等职业教育会有更大更好的发展。

第四，规范和减少考试加分。本次招生制度改革方案减少了各种不科学、不规范的加分，不仅杜绝了违规造假的行为，维护了教育公平，而且减轻了学生的学业负担。学生不用再去上各种补习班、参加各种竞赛，只要一心一意把学校设置的课程学好，同时有时间参加自己喜爱的科学文化体育活动，改变被迫学习、被动学习的局面，从而能够在生动、活泼、主动的学习环境中成长。

考试招生制度改革方案中还有许多举措，如提高中西部地区和人口大省的高考录取率，增加农村学生重点高校人数，完善中小学招生办法以破解择校难题等。这些举措都将影响基础教育的深入改革。

考试招生制度改革的方向已经明确，改革的举措具有完整性、科学性、时代性、可行性，符合我国的国情和广大人民群众的愿望。方案经过从下到上、从上到下反复的研究，直到中央政治局审议通过，可以说是领导和群众集体智慧的结晶。在实施过程中，可能还会遇到各种问题，但只要大家向一个方向努力，就可以在实践中不断改进和完善。

顾明远

北京师范大学资深教授

国家教育咨询委员会委员

国家中长期教育改革和发展规划纲要（2010—2020年）

目 录

PART 1 第一部分　改革背景和思路

第一章　高考改革如何实施

第一问　　高考为什么要不断改革？
　　　　　——教育改革和社会改革的迫切要求　5
第二问　　此次高考改革主要针对哪些问题？
　　　　　——最大限度地改变教育机会不均　9
第三问　　高考改革要沿着哪些方向前行？
　　　　　——健全促进公平、科学选才、监督有力的体制机制　15

PART 2 第二部分　改革任务解读

第二章　高中学业水平考试都考些什么

第四问　　全科开考会不会增加学生负担？如何适应这一变化？
　　　　　——从统考"套餐"变为选考"自助餐"　28

第五问　如何选择计入高校招生录取总成绩的科目？选错了怎么办？
　　　　——从"取长补短"变为"扬长避短"　32
第六问　学业水平考试的五个等级为什么要有比例规定？
　　　　——成绩具有区分度有利于高校选拔人才　35
第七问　如何保证学业水平考试在实施过程中不走样？
　　　　——确保学业水平考试成绩可信可用　39

第三章　高中生综合素质评价，怎么评、怎么用

第八问　为什么要实施综合素质评价？
　　　　——从只看"冷冰冰的分"到关注"活生生的人"　44
第九问　综合素质评价主要评价学生什么？
　　　　——评价学生德智体美全面发展情况　47
第十问　综合素质评价该如何评？
　　　　——五步程序突出写实记录，加强公示审核　53

第四章　高考考试内容改革将会怎么改

第十一问　高考考试内容改革的核心是什么？
　　　　——"一点四面"是关键　60
第十二问　立德树人的教育精神在试题中如何体现？
　　　　——四个方面的考查要"吃透"　63
第十三问　新一轮高考改革，中学将迎来哪些变化？
　　　　——三大变化必须关注　73
第十四问　全国高考为什么要增加统一命题省份？
　　　　——适应新一轮高考改革的必然要求　78

第五章　如何挤掉高考加分的水分

第十五问　高考加分为何要"瘦身"？
　　　　　——育人导向，促进公平公正　85
第十六问　高考加分"留"什么、"减"什么？
　　　　　——保留和完善5项全国性加分项目，取消鼓励性加分　89
第十七问　高考加分政策的实施如何监管？
　　　　　——必须在"严"字上下功夫　95
第十八问　高考加分"瘦身"后，有特长怎么办？
　　　　　——记入学生综合素质档案或考生档案，供高校录取时参考　99

第六章　高校自主招生新政将会带来哪些影响

第十九问　为何要取消学校推荐？
　　　　　——中学不再分三六九等，只要你有真本事，在哪儿都可以申请　105
第二十问　联考取消后，选拔标准如何调整？
　　　　　——展现自我，拿出真本事，就有可能过关　108
第二十一问　选拔形式有何变化？
　　　　　——更加多样，参观博物馆也有可能是在考核　111
第二十二问　自主招生考核为何安排在全国统一高考后进行？
　　　　　——让考生有更多选择，让高校不再掐尖　114
第二十三问　如何防范招生腐败？
　　　　　——招生全程透明，让腐败无处遁形　116

第七章　高校招生录取改革：从"批发"迈入"零售"时代

第二十四问　高考还是千军万马挤独木桥吗？
　　　　　——多元录取让学生升入高校的途径变多了　122

第二十五问　学生怎么在心仪的高校选拔中脱颖而出？
　　　　　　——学业成绩和综合评价，一个也不能少，两者都要强　127
第二十六问　什么是"三位一体"招生？
　　　　　　——学业水平测试、综合素质评价和高考融为一体　131
第二十七问　今后高校录取还分批次吗？
　　　　　　——在电子档案时代，高校的录取排次会逐步取消　134
第二十八问　在高考新政中，学生填报志愿的方式有变化吗？
　　　　　　——推行高考后填报志愿，使用平行志愿投档方式　137

第八章　怎样提高中西部地区和人口大省高考录取率

第二十九问　为什么要提高中西部地区的高考录取率？
　　　　　　——补偿中西部教育"欠账"，促进教育公平　142
第三十问　　实施"支援中西部地区招生协作计划"是为了什么？
　　　　　　——把高等教育资源增量向中西部地区倾斜　146
第三十一问　为什么要提高人口大省的高考录取率和严格控制属地招生比例？
　　　　　　——招生比例设置应参考人口基数和高校布局　150

第九章　如何让更多农村孩子上重点高校

第三十二问　重点高校怎么招收农村学生？
　　　　　　——"三大专项计划"定向招收农村学生　154
第三十三问　参加专项招生计划需要具备什么条件？
　　　　　　——明确区域，严格考生户籍、学籍条件　156
第三十四问　参加专项招生计划的考生将享受哪些优惠政策？
　　　　　　——增加选择机会，适当降分录取　160
第三十五问　如何确保考试招生工作公平公正？
　　　　　　——强化资格审核，加大信息公开和违规查处　164

第十章　如何完善中小学招生办法破解择校难题

第三十六问　"名校"是如何形成的？
　　　　　　——教育资源分配不均衡、招生制度不完善　168

第三十七问　择校之疾的病灶在哪里？
　　　　　　——片面追求升学率和稀缺的优质教育资源　170

第三十八问　如何破解"择校"问题？
　　　　　　——改择校招生为划片招生，均衡配置教育资源　174

第十一章　上高职院校，如何成就人生梦想

第三十九问　为什么要加快推进高职院校分类考试？
　　　　　　——尽早选择适合自己的教育，减轻高考备考负担　179

第四十问　高职院校分类考试采用什么样的评价方式？
　　　　　　——实行"文化素质＋职业技能"的考试评价方式　181

第四十一问　参加高职院校分类考试有前途吗？
　　　　　　——搭建多样化选择、多路径成才的"立交桥"　184

第十二章　如何拓宽社会成员的终身学习通道

第四十二问　构建终身学习通道的意义何在？
　　　　　　——搭建人才成长"立交桥"　189

第四十三问　构建终身学习通道的创新举措有哪些？
　　　　　　——构建四通八达的教育考试招生制度　193

第三部分　改革试点及案例　PART 3

第十三章　上海高考改革试点怎么改

第四十四问　上海高考如何改？
　　　　　　——打开多元化大门，改变一考定终生　204
第四十五问　普通高中学业水平考试怎么用？
　　　　　　——让统考"套餐"变成选考"自助餐"　210
第四十六问　综合素质评价如何评？
　　　　　　——从只看高考分数到关注学生的综合素养　215

第十四章　浙江高考改革试点怎么改

第四十七问　改革试点的重担为何落到浙江肩上？
　　　　　　——浙江省近年来有一系列比较成功的改革实践　222
第四十八问　浙江高考改革的核心理念是什么？
　　　　　　——扩大学生学校双向选择权　225
第四十九问　改革后的浙江高考到底怎么考？
　　　　　　——四种模式，不分文理，七选三，三位一体　229
第五十问　　改革后的高校招生到底怎么招？
　　　　　　——专业+高校，按专业平行志愿投档，综合评价　234

后记　237

PART 1

第一部分　　改革背景和思路

第一章 高考改革如何实施

《关于深化考试招生制度改革的实施意见》(本章内简称《实施意见》)的颁发，标志着我国教育考试招生制度新一轮改革开始启动，教育综合改革也迈开了新的步伐。这是教育界和社会各方面多年期盼的一件大事，也是理论界和实际工作部门长期探索建言、终于形成的一项高层决策。也许由于多年来各种媒体、会议、论坛充斥着关于高考招生问题的讨论和争议，有关部门也不时会发布有关考试招生的具体政策和办法，人们可能会习以为常地把它看作一次局部的政策调整。但是这次不是只涉及单项的、局部的改革，而是考试招生制度改革整体的顶层设计。如果说，邓小平同志做出恢复高考的决策，在我国重新恢复建立了考试招生制度，那么，这次中央做出的改革考试招生制度的决策，将会成为改革和完善我国考试招生制度新的里程碑。

对于现行考试招生制度的评价，有强烈的批评甚至否定的意见，但在肯定其现实合理性上又有高度的一致性。2009年，在一家全国性报纸的社会调查中，有约97%的受访者认为现在的高考是最公平、最可信的；同样，有98%的受访者认为现在的高考对中国的教育和学生的发展危害很大，必须改革。这个调查结果说明：绝大多数民众既肯

国务院关于深化考试招生制度改革的实施意见

定现行考试招生制度的基本面，又迫切要求改革其弊端。总体上看，我国考试招生制度符合国情，同时也存在一些问题。必须通过深化改革，促进教育公平，提高人才选拔水平，适应培养德智体美全面发展的社会主义建设者和接班人的要求。这个判断和要求反映了民情、民意，明确了改革考试招生制度的总体要求，将指导我国考试招生制度改革逐步深入，进入新的发展阶段。

第一问　高考为什么要不断改革？

——教育改革和社会改革的迫切要求

我国的考试招生制度（本书主要指高考招生制度）于20世纪50年代初建立、70年代末恢复，历经半个多世纪的实践，基本框架已经形成，对选拔和培养人才、维系教育公平发挥了积极作用。但是，进入21世纪以来，知识经济迅猛发展，人类进入网络时代，我国经济社会和教育领域发生了巨大而深刻的变化。主要表现为：从生存型社会向发展型社会的转变，人们对优质教育的需求激增，高考招生制度不能适应一般性竞争向结构性竞争的转变（即从进大学的竞争向进优质大学的竞争转变）；从计划经济向市场经济转变，人才需求呈现多样化，过于划一呆板的高考招生模式越来越不能适应市场变化对人才多样而灵活的需求；高等教育从精英教育向大众教育转变，高考招生制度不能适应不同类型高等学校人才选拔的要求，改革势在必行。

我国经历了经济社会的快速发展，已经进入上中等收入经济体国家行列，从生存型社会进入了发展型社会，更高水平、更加优质的教育成为社会普遍的需求。市场经济的发展，在促进经济快速增长的同时，也加剧了社会分化、分层，拉大了区域之间、城乡之间、人群之间的贫富差距。促进社会公平已经成为社会改革需要解决的突出问题。教育公平是社会公平的重要基础，高考招生制度是促进社会流动的重要途径。现行的高考招生制度保证了以分数公平为基础的公平竞争，但是由于客观存在的地域差异、教育差距以及家庭背景的不同，使社会弱势群体仍然处于升学竞争中的弱势地位，尤其是来自农村和贫困地区的学生在高水平大学学生中的比例明显偏低。因此，在确保考试招生公平公正和选拔优秀人才的原则下，高考招生制度改革需要更加关注弱势群体的利益与诉求，拓宽帮助弱势群体向上流动的渠道，为促进社会公平做出贡献。

考试招生制度是国家基本教育制度。以什么样的标准选才？怎样选才？这不仅直接影响教育质量，更为教育评价和选拔树起了标杆，对教育教学和人才培养具有极强的导向作用。现在的考试招生制度也明确要求全面考核评价学生，但由于某些制度特别是诚信制度的缺失，在实际运作时，考试分数的权重越来越大，几乎成为选拔录取的唯一依据，升学竞争也逐渐演变为"分分计较"的分数竞争。这给基础教育造成了严重后果。在激烈的升学竞争和教育功利化的影响下，"考什么就教什么"这种应试教育模式久治不愈，导致学校教育忽视了学生思想品德、审美情操、身心发展和实践能力的培养，把大量时间花在重复练习和"题海战术"上，阻碍了学生思维能力和创新能力的发展，扼杀了学生多种才能尤其是创新潜质的开发。在这种背景下，考试招生制度改革已成为教育综合改革的重要突破口，迫切需要走出这个怪圈，为创新适应国际竞争和时代要求的人才培养模式铺平道路。

［**改革的实践基础和思想基础**］

自1977年恢复高考招生制度以来，高考改革一直在进行，教育主管部门围绕考试科目和内容进行了多次调整和完善，先后从考试六科到"3+X"，又到"3+文综/理综"。改革的初衷是要减少科目，减轻学生的课业负担，而在"考什么，教什么"的情况下，科目过少又会造成偏科。以科目改革为重点使高考改革处于两难选择的境地。20世纪90年代，为解决这一矛盾我国推行了高中会考，但是由于会考成绩与高考招生不相关，各地操作时流于形式，后来也停止了。这些实践启示我们，高考改革是一个综合的系统工程，局部的、单项的改革难以奏效。

2005年，按照胡锦涛同志关于素质教育的批示，教育部等六部委展开了关于素质教育的调研，对高考招生制度进行了专题研究。提出了分类考试、多元录取的改革建议。2010年颁布的《教育规划纲要》，在国内外比较、专家咨询和基层调研的基础上，进一步明确提出"分类考试、综合评价、多元录取"的改革模式。一些地方和学校按照这种思路进行了改革尝试，特别是在高职高专分类考试、高中学业水平考试成绩的使用、英语口语一年多次考试和高校自主招生等方面取得了实效，为更大范围内的综合改革积累了经验，也为国家进一步做出改革决策提供了实践依据。

对于考试招生制度改革的目标和路径，教育界和社会公众始终存在不同意见和争议，也从多种层面进行过各种理论与实证研究，并且提出过多个民间的改革方案版本。经过多年的改革实践、研讨和争辩，不少分歧逐渐缩小，共识增多，尤其在改革的目标模式和制度设计方面基本形成共识，为制定和实施改革决策奠定了民意基础。

聚焦高考改革十大亮点

[改革决策的汇聚民智和顶层设计]

考试招生制度改革关系多方利益，涉及各级各类教育，牵涉多个政府部门，特别是多年改革收效甚微，改革极其复杂，难度很大。20世纪90年代初，我曾参与教育部考试中心承担的重大课题——关于高考招生制度改革的系列研讨，在2005年素质教育调研中主持过高考招生制度改革的专题调研，在2010年《教育规划纲要》起草中参与考试招生制度改革的研讨。这些经历使我对这项改革的复杂性和艰巨性有了深切的体会。正因为如此，我更加深知《实施意见》来之不易，弥足珍贵。

《教育规划纲要》颁布后，推进考试招生制度改革被提上重要的议程。在国家教育改革领导小组的部署及其办公室的组织下，开展了历时一年多的系统调研，围绕"高中学业水平考试""考试分类""考试科目、内容和形式""命题组织""高校自主招生""招生名额分配""异地高考""艺术体育类学校考试招生办法"等16个专题进行了调研，听取多方面的意见，形成了专题报告。调研过程是一个对历史与现状进行分析和认识的过程，也是一个不同改革意见和主张交流、碰撞的过程。在这个过程中逐步凝聚了共识，提出了改革建议，为做出科学民主的决策提供了参考依据。

考试招生制度改革的决策存在诸多两难选择，既要有攻坚克难的胆识，又要有权衡利弊、举重若轻的谋略，需要在兼听各种意见、反复比较得失中做出抉择。这是一个内外沟通、上下磨合的螺旋上升的设计过程。不仅是教育界内部，还有社会其他方面；不仅是地方政府，还有中央政府有关部门；不仅是专家学者，还有师生和家长。总之，尽可能广泛地征求各方面人士的各种意见，进行比较、分析、梳理，让决策建立在符合大多数人意愿、合理而可行的基础之上。

这个过程是从教育系统扩展到全社会，并上升到国家决策层面，由中央政治局做出的重大决策。这充分体现了坚定推进改革的国家意志，反映了体察民情民意的亲民情怀，考试招生制度改革已经成为国家全面深入改革战略部署的重要组成部分，必将开创考试招生制度改革和教育综合改革的新局面。

《实施意见》是在多年改革实践基础上集体智慧的结晶，是由中央高层做出的改革的顶层设计。尽管在改革的推进实施过程中可能会有一些新的问题和困难，但是，它必将动员全国和推动各级政府坚定不移且稳妥有序地把改革推向前进，对我国教育事业和社会主义现代化建设产生深远影响。高考招生制度的恢复，曾经给年轻一代提供了改变命运的机会，也营造了渴求知识、勤奋好学的社会风气。我们期待并相信，新的考试招生制度改革，将为新世纪的新生代创设多种多次选择的成长、成才通道和终身学习的"立交桥"，迎来人人成才、人才辈出的新局面。

谈松华
国家教育咨询委员会委员、中国教育发展战略学会学术委员会主任

第二问　此次高考改革主要针对哪些问题？

——最大限度地改变教育机会不均

考试招生制度是国家的基本教育制度，改革开放以来，我国的考试招生制度不断改进完善，并初步形成体系，做出了历史性贡献。然而，现行制度存在一些亟待解决的问题，考试招生结果的"信度"和"效度"都有待提高。优化招考模式的必要性和迫切性已经不容忽视，关于高考改革的呼声不断。在这样的背景下，国务院出台了《关于深化考试招生制度改革的实施意见》（本章内简称《实施意见》），希望从国家政策的高度为深化教育考试招生制度改革和建设人力资源强国提供有力保障。

[改革方案的出台]

此次《实施意见》的制定过程历时将近 4 年。2010 年 7 月，《教育规划纲要》正式发布。2010 年 11 月，国家教育咨询委员会成立，委员会下设考试招生改革组。2011 年，考试招生改革组的专家团队先后到上海、浙江、福建等 15 个省市进行调研，召开了近百场座谈会，撰写了 16 个专题、共计 80 万字的调研报告，并形成了《关于深化高等学校考试招生制度改革的指导意见》草案，为后来制定《实施意见》打下了坚实的基础。

2012 年 7 月，国家教育考试指导委员会正式成立，下设考试、招生、管理三个专家工作组，继续进行高考制度改革总体目标和基本框架的调研与制订工作。进入 2013 年，在教育部的牵头下，新一轮高考改革方案制订工作再次开展，方案经过了数轮讨论，几易其稿，多方征求意见。2013 年 11 月，十八届三中全会报告发布，高考改革被纳入"深化教育领域综合改革"的重要内容，"不分文理科、外语等科目社会化考试一年多考"等多项具体化的高考改革措施被明确提出。

党中央、国务院高度重视考试招生制度改革工作。习近平总书记多次做出重要指示，强调必须通过深化改革，促进教育公平，提高人才选拔水平，适应培养德智体美全面发展的社会主义建设者和接班人的要求。李克强总理在 2014 年的政府工作报告中明确要求，积极稳妥地改革考试招生制度，并专门听取汇报，主持召开国务院常务会议进行审议。刘延东副总理多次开展专题调研和研究。教育部会同有关部门认真落实党中央、国务院的部署和要求，突出问题导向，把握改革重点，深入总结实践经验，广泛听取社会各界的意见，充分论证，反复修改，不断完善。可以说，《实施意见》的出台，凝聚了各方的智慧。

这次考试招生制度改革是恢复高考以来最全面、最系统的改革，是一次顶层设计的系统改革。对考试招生制度，2014 年 8 月 29 日中共中央政治局会议审议《实施意见》的会议有一个精炼的评价：考试招生制度是国家基本教育制度，是人才培养的枢纽环节，关系国家发展大计，关系每一个家庭的切身利益，关系亿万青少年学生的前途命运。改革开放以来，我国考试招生制度不断改进，为学生成长、国家选才、社会公平做出了重要贡献。

《实施意见》进一步指出，考试招生制度"对提高教育质量、提升国民素质、促进社会纵向流动、服务国家现代化建设发挥了不可替代的重要作用。这一制度总体上符合国情，权威性、公平性社会认可。"这段话充分肯定了考试招生制度的功能与作用，强调改革开放以来考试招生制度改革取得的成就，是一个实事求是的基本判断。确实，以往高考在科学选拔人才、保证高校的生源质量，促进学生努力向学、提高民族文化水平，维护教育公平、稳定社会秩序，促进社会流动、保持社会活力等方面，一直起着重要的作用。改革开放以来，我国基础教育水平的提高、经济的腾飞、社会的发展，都与高考的恢复和改革密不可分。经过高考选拔的人才通过高等教育成为国家各行各业的骨干力量和栋梁之才，中国经济的腾飞与高考制度的恢复和不断改革密切相关，高考的积极意义应该充分肯定。

《实施意见》同时也指出，目前的考试招生制度"存在一些社会反映强烈的问题，主要是唯分数论影响学生全面发展，一考定终身使学生学习负担过重，区域、城乡入学机会存在差距，中小学择校现象较为突出，加分造假、违规招生现象时有发生"。高考制度确实存在很多局限性，因为具有竞争性的统一考试会诱发应试的顽症，造成学生学习时间长，体育锻炼少，一定程度的偏科，只重分数不重平时表现，等等。虽然一系列文件中都明确规定要德智体全面考核择优录取，但在高考实际操作中基本上都是以"智"（即高考的分数）来决定一切。

[改革破解的主要难题]

1977年恢复高考以来，我国就建立了"客观考试选才"的考试招生制度。纵观这些年来的发展历史可以发现，高考作为人口大国在特定历史时期的人才选拔机制，具有一定的客观性和科学性。横向比较全球各国的考试招生制度，可以将其分为"考试成绩客观排序"和"申请材料主观评价"两大主要类别。在世界银行发布的《全球大学招生模式》报告中，我国是为数不多的仅通过国家统一考试成绩招生的国家之一。这种招考模式具有一定的局限性，但这一选择是由我国的国情和发展阶段决定的。本次改革在维持"客观考试选才"的框架下，突出了促进教育公平和科学选育人才这两个重点。

世界银行最新报告：《全球大学招生模式》

从《实施意见》的内容来看，本轮改革能够在一定程度上优化考试方式，缓解现状矛盾，促进教育公平。《实施意见》的改革内容符合我国现阶段的基本国情，也符合教育考试招生制度改革"循序渐进"的基本规律，有利于教育的公平化发展和人才的科学选育。

从改革方向上看，《实施意见》充分吸取了我国考生招生制度逐步改革发展的经验，面向未来办教育和选拔人才的基本要求，直面当前考试招生制度存在的广受诟病的重点问题，提出了系统的改革方案，具有很强的针对性。

目前的高考考试和招生制度逐渐暴露出许多问题，主要包括三个方面。首先，"唯分数论"剥夺了考生和高校的自主选择权，考生陷入"一考定终身"的桎梏，而高校则面临"以（高）考代招"的困境。其次，"高考指挥棒"限制了人才的有效培养，基础教育在指挥棒下无法走出应试的窠臼，而高等教育作为接盘者，不能形成完善的人才选拔体系，拔尖创新型人才难以"冒出来"，资源匹配出现较大偏差。最后，"教育机会不均"影响了教育的公平公正，地域、区域、城乡间的基础教育水平差距过大，享受基础教育和高等教育的入学机会不均等，高考的不合理加分，影响了教育公平。

这次改革面向当前最突出的问题，提出了具有可操作性的措施。

一是为广大考生和大学适度"松绑"。从广大考生的角度看，现行制度下高考考什么，中学就教什么，文理分科导致知识结构单一，学生不是只学文科，就是只学理科，最后则通过一次高考被一所大学按总分录取；从大学的角度看，无论学校特色与专业需求的要求如何，只需按招生计划和总分排序由高到低录取即可。现行高考招生制度将考生和高校牢牢捆绑起来，几乎没有实施选择权和选拔权的可能性，因此松绑是非常必要的。本轮改革的《实施意见》对于上述问题有了一些明确的回应，高考综合改革试点中可预期的松绑作用非常明显，具体而言有以下四个方面的体现：

第一，考生不再分文科理科，3门学业水平考试的科目由考生根据兴趣和特长搭配自选，保证了考生的个性不被绑死。

第二，学生外语考试、学业水平考试都有两次参加机会，使得考生能够全面发挥学业水平，不被一次考试失误绑死。

第三，提出规范综合素质评价的要求，高校能够以此为参考充分考量学生在高中期间的综合素质表现，更全面、科学地评价考生，不被单一的书面纸笔考试绑死。

第四，高校可根据自身办学定位和专业培养目标，提出对考生高中学业水平考试科目报考要求和综合素质评价的使用办法，优化多元录取机制，不被统一的考试科目和总分录取的原则绑死。

二是为基础教育和高等教育有效"减压"。从基础教育的角度看，应试的招考标准使中小学素质教育难以推行，学生学业压力普遍过大。而从高等教育的人才选拔和后续培养的角度看，大学仅仅通过高考分数招生导致一部分教育资源的错配，学生入校后二次匹配资源的压力也很大，非常不利于人才培养。从这个角度审视高考改革可以发现，在本轮改革中，高考综合改革试点的"减压"效果也会很明显，具体体现在以下三个方面：

第一，直接影响着考生命运的统一考试科目将由目前的6门减至语数外3门，减轻了考生学习和备考的压力。

第二，外语科目和部分学业水平考试有两次报考机会，减轻了高考考生"一考定终身"的巨大心理压力。

第三，学业水平考试的科目选择有一定的灵活性和自主性，有利于学生选考、选校和高校专业选才，高校能够更加有效地根据考生的特长和兴趣匹配教育资源，减轻学生入校后培养环节中的转学、转专业等压力。

三是在考试招生的各个环节和层面促进公平。促进教育公平是本轮改革中社会关注度最高的方面，也是《实施意见》提出的四项基本原则之一。可以看到，《实施意见》将促进教育公平的理念融入各个类型和层次的政策措施中，对进一步实现整个社会的教育公平具有重要意义。具体而言，本轮改革在促进教育公平方面有以下三个重要的体现：

第一，促进不同地域、省份间的录取机会公平。中西部不同地域以及不同省份间因人口、教育水平、经济社会发展的不同在录取机会上存在较大差异。本轮《实施意见》在招生计划分配方式上提出提高中西部地区和人口大省的高考录取率，这是在不同地域和省份间促进教育公平的有效措施。

第二，增加农村学生上重点大学的人数。本轮改革继续实施国家"农村贫困地区定向招生专项计划"，并安排一定比例的招生计划招收边远、贫困、民族地区的优秀农村学生，可以在一定程度上弥补由于基础教育不均衡对贫困地区农村学生造成的入学机会不公平。

第三，净化考试招生环境，减少和规范考试加分。近年来，考试加分问题一直广受诟病，本轮改革提出进一步清理、减少考试加分项目的要求，并在2014年底前出台了进一步减少和规范高考加分项目和分值的意见，将有力规范考试加分，促进考试加分的公平、公正、公开，净化教育环境。

第三问　高考改革要沿着哪些方向前行？

——健全促进公平、科学选才、监督有力的体制机制

《关于深化考试招生制度改革的实施意见》（本章内简称《实施意见》）正式颁布，对深化考试招生制度改革做出全面部署和系统设计。这是党中央、国务院在全面深化改革、全力推进改革的关键时期，站在全面建成小康社会和社会主义现代化建设全局高度作出的重大战略部署，是深化教育领域综合改革的重要举措，是当前和今后一个时期指导考试招生制度改革的纲领性文件，标志着新一轮考试招生制度改革全面启动。改革的启动和实施，体现了国家意志，突出了问题导向，回应了社会关切，必将极大地推进教育综合改革，引导实施素质教育，促进教育公平，提高人才选拔水平，适应培养德智体美全面发展的社会主义建设者和接班人的要求，为办好人民满意的教育和建设人力资源强国提供有力保障，为实现"两个一百年"奋斗目标和中华民族伟大复兴的中国梦提供强有力的人才支撑。

[改革的总体定位]

在《实施意见》中，对于这次改革的总体目标进行了阐释：2014年启动考试招生制度改革试点，2017年全面推进，到2020年基本建立中国特色现代教育考试招生制度，形成分类考试、综合评价、多元录取的考试招生模式，健全促进公平、科学选才、监督有力的体制机制，构建衔接沟通各级各类教育、认可多种学习成果的终身学习"立交桥"。

在这当中，既给出了改革的具体时间表，也给出了深化改革的整体方向。教育部负责人曾表示：这次深化考试招生制度改革的总体定

位是促进公平、科学选才，坚持走中国特色社会主义教育道路，全面贯彻党的教育方针，落实立德树人根本任务，进一步完善制度，促进教育公平，提高选拔水平。

1977年，中央决定恢复高考制度以来，千百万人的命运因此而改变。但唯分数论影响学生全面发展，一考定终身使学生学习负担过重，区域、城乡入学机会存在差距，中小学择校现象较为突出，加分造假、违规招生现象时有发生。因此，这次改革在保持现行考试招生制度稳定的基础上，着力解决突出问题，适应经济社会发展对多样化高素质人才的需要，更好地促进学生健康发展，更科学地选拔各类人才，更好地维护社会公平。

为了促进公平、科学选才，《实施意见》同时给出了深化考试招生制度改革的一系列改革亮点，并将其落实于具体措施：提高中西部地区和人口大省的高考录取率，2017年录取率最低省份与全国平均水平的差距从2013年的6个百分点缩小至4个百分点以内。形成保障农村学生上重点高校的长效机制，继续实施国家农村贫困地区定向招生专项计划，由重点高校面向贫困地区定向招生，2017年贫困地区农村学生进入重点高校人数将明显增加。完善高中学业水平考试，确保考试安全有序，成绩真实可信。规范高中学生综合素质评价，扭转"唯分数论"……

[改革的主要原则]

（一）坚持育人为本

《实施意见》明确指出改革坚持的第一条原则是：坚持育人为本，遵循教育规律。把促进学生健康成长成才作为改革的出发点和落脚点，扭转片面应试教育倾向，坚持正确育人导向，践行社会主义核心价值观，深入推进素质教育，培养德智体美全面发展的社会主义建设者和接班人。

长期以来，我们评价学生的重要依据是考试分数，评价学校的重要依据也是考试分数，高校录取也常常以分数为唯一标准，追求"冷冰冰的分"已经取代了培养"活生生的人"。而人并不是用单一的分数维度就可以考量的，"唯分数论"已经成为教育事业发展、国民素质提高和人才强国建设的阻力。

这次深化考试招生制度改革从坚持育人为本、尊重教育规律的基本要求出发，真正让教育回归育人的本质，从追求"冷冰冰的分"，到培养"活生生的人"，体现了以人为本、立德树人的理念。

考试招生制度的改革，必然带来中小学特别是高中教育实施过程的转变，最重要的一点就是学生有了更大的自主空间。一方面，学生可以按照自己的兴趣、潜能和未来发展方向，去选择将来要报考的高校和专业，从而选择并加强与其相对应的学科的学习。同时，也有利于高校各专业录取到适合本专业、热爱本专业的学生，有利于人才成长。另一方面，由于考试时间的变化，学生可以根据自己的学习进度来安排。有的科目，某些学生提前学完了，他们在高一或者高二的时候即可参加学业水平考试，而不用等到高三。一旦通过，学生并行学习的科目就减少了，不仅减轻了学生的学习负担，更重要的是腾出了更多的时间去自主发展自己的兴趣。

（二）确保公平公正

《实施意见》将"公平公正"作为改革的第二条原则，明确指出：确保公平公正。把公平作为第一要求，加强宏观调控，完善法律法规，健全体制机制，切实保障考试招生机会公平、程序公开、结果公正。

也就是说，这次改革将公平放在首位。因为高考在老百姓心目中是一个难得的公平竞争机制，多一分就取，少一分就认。考生因一分之差落榜，通常只怪自己不够努力，并不会去怪政府怪社会。许多家长和学生都认为，通过考试，即使是带有不少缺点的考试，没有考上，他们服气；而通过其他选拔方式，有些人可能会用金钱、靠关系进入好学校，老百姓不服气。因此，高考改革应以保障公平为首。

《实施意见》涉及的方面很多，体现促进公平的方面也很多。例如，改革的主要任务和措施的第一项，就是改进招生计划分配方式，包括提高中西部地区和人口大省高考录取率，继续实施支援中西部地区招生协作计划，在东部地区高校安排专门招生名额面向中西部地区招生。部属高校要公开招生名额分配原则和办法，合理确定分省招生计划，严格控制属地招生比例。

近年来，教育部、国家发展改革委员会采取多项措施，不断缩小区域高等教育入学机会差距。2007年，全国高考平均录取率为56%，最低的省份与平均录取率相差17个百分点。2013年全国高考平均录取率为76%，最低的省份录取率也达到70%，两者的差距缩小到6个百分点。《实施意见》提出到2017年缩小至4个百分点以内，从6个百分点到4个百分点，虽然只有2个百分点之差，但要实现并不容易。俗话说："百上加斤易，千上加两难。"特别是在高校大规模扩招已经结束、每年增加的招生计划又很有限的情况下更是如此。

部属高校要合理确定分省招生计划，严格控制属地招生比例。虽然部属高校属地招生计划的比例已经从2007年的34%降至2014年的22%，但还要继续努力，严加控制，加大投向中西部及入学机会偏低的地区，尤其是没有部属高校的13个省区。控制属地招生比例不仅要看部属高校在本省市招生的比例，更应该考虑该省市中央部属高校的数量、录取人数和全体考生的比例。因为目前我国部属高校布局很不平衡，多个人口大省只有一所部属高校或"985工程"高校，这与人口较少的直辖市有多所部属高校或"985工程"高校不同，因此控制属地招生比例还应根据具体高校的情况区别对待。

《实施意见》还提出：增加农村学生上重点高校人数。总的来讲，国家农村贫困地区定向招生专项计划相当有道理。不同地区经济、文化和教育水平确实有差异，在中国这样一个城乡二元结构的社会里，很多农村的学生受教育条件远远不如都市里的学生。如果不考虑政策倾斜，重点高校录取农村学生的比例会有所下降。近年来开始出台这些政策，如 2008 年开始实施的"支持中西部地区招生协作计划"就很有必要。这样做后，重点大学的录取人数会相对均衡一点，至少不会出现重点大学（尤其是北大、清华）的录取高度集中在一些省会城市所谓的"超级中学"或者"明星高中"，而有的县多少年出不了一个重点大学学生的现象。高考制度本身就有维护社会稳定、促进社会阶层流动的功能，高考改革政策的制定应该要有维护社会公平的意识。不过，要使政策落到实处，最好还能制定一些比较具体的可操作的细则或者办法。因为如果没有一个很明晰的办法，可能会出现有的城市考生反向高考移民，将城市户口迁到贫困地区去，原来在都市上不了重点大学的考生迁到某个贫困县，在那里可能考到县里面的第一名，于是重点大学的指标就可能被这类人占据。另外，户籍改革之后，农业户口逐渐取消，对农村考生需要有明确的界定。

为确保考试招生的公平公正，让人民满意，除了以上几个方面以外，《实施意见》还提出：完善中小学招生办法破解择校难题。改革招生录取机制，如减少和规范考试加分（大幅减少、严格控制考试加分项目，2015 年起取消体育、艺术等特长生加分项目。确有必要保留的加分项目，应合理设置加分分值）。完善和规范自主招生，如严格控制自主招生规模，2015 年起推行自主招生安排在全国统一高考后进行。推进并完善平行志愿投档方式，增加高校和学生的双向选择机会。改革监督管理机制，加强信息公开，加大违规查处力度，从制度上保障考试招生公平公正。

教育公平是社会公平的重要基础，而招考公平是教育公平的前提。从许多方面都可以看出，《实施意见》特别强调公平，将促进公平摆到非常重要的位置，是一个顺应民意的改革方案。

（三）促进科学选材

《实施意见》明确指出：增加学生选择权，促进科学选才，完善政府监管机制，确保考试招生工作高效、有序实施。

在高考改革中，科学与公平往往是不易同时兼顾的两个方面。越简单划一，可比性就越强；制度越刚性，程序就越公平。但这往往会使考试的科学性受限制。高考越多样、评价越灵活，越有利于科学选拔人才，但可能会使制度出现有空子钻、人情与关系容易介入的情况，损害高考的公平性。考生和家长特别关注公平方面，教育理论工作者比较关注科学方面，高考改革的决策者则应在公平与科学之间取得平衡。

就科学选才方面而言，《实施意见》也充分体现出改革精神。例如，在完善高中学业水平考试、规范高中学生综合素质评价、建立规范的学生综合素质档案的基础上，探索基于统一高考和高中学业水平考试成绩、参考综合素质评价的多元录取机制。高校要根据自身办学定位和专业培养目标，研究提出对考生高中学业水平考试科目报考要求和综合素质评价使用办法，提前向社会公布。这也就是《教育规划纲要》中提出的"综合评价、多元录取"的目标，这是一个实现起来难度很大的目标。首先要求高中学业水平考试范围覆盖国家规定的所有学习科目，引导学生认真学习每门课程，避免严重偏科，并创造条件为有需要的学生提供同一科目参加两次考试的机会。其次，综合素质评价须客观记录学生成长过程中的突出表现，注重社会责任感、创新精神和实践能力。综合素质评价内容主要包括学生的思想品德、学业水平、身心健康、兴趣特长、社会实践等。这对高中教师客观、诚信地评价学生的德智体美是一个考验。

《实施意见》中最受人们关注、将来影响可能也最大的是考试科目改革。为增强高考与高中学习的关联度，考生总成绩由统一高考的语文、数学、外语成绩和高中学业水平考试的3个科目成绩组成。统一高考只考语文、数学、外语三门，不分文理科，外语科目提供两次考试机会。计入总成绩的高中学业水平考试科目，由考生根据报考高校要求和自身特长，在思想政治、历史、地理、物理、化学、生物等科目中自主选择。希望通过此项改革，增加学生的选择性，分散学生的考试压力，促进学生全面而有个性地发展。这是本次高考改革幅度最大，也最为复杂的部分，无论是对高中教学计划、学生选考科目、班级组合方式，还是对考试成绩换算、高校不同专业对学业水平考试科目的要求、录取时不同科目组合的可比性和调剂等，都会有重大的影响。出于既积极又稳妥的考虑，目前对此部分的改革是通过启动高考综合改革试点进行的。2014年9月19日，上海市、浙江省已分别出台高考综合改革试点方案，从2014年秋季新入学的高中一年级学生开始实施。这样试点先行，分步实施，通过实践检验，行之有效的可以逐步有序推广，需要调整充实、总结经验的还可以逐渐改进。

另外，高职院校考试招生与普通高校相对分开，实行"文化素质+职业技能"评价方式，深化高考内容改革，改进录取方式，拓宽社会成员终身学习通道。《实施意见》在促使招考方式多样化、多元化，科学选拔创新人才等方面应该说也颇有作为，是一个相当科学的高考改革方案。

（四）稳妥统筹推进

《实施意见》明确指出，加强统筹谋划，积极稳妥推进。整体设计从基础教育到高等教育考试招生制度改革，促进普通教育、职业教育、继续教育之间的衔接沟通，统筹实施考试、招生和管理制度综合改革，试点先行，稳步推进。

考试招生制度是国家基本教育制度，在各级各类教育之间以及教育内外部之间起着枢纽作用，并深刻影响着教师的教学方式、学校的育人生态、社会的教育观念。改革方向正确与否，关系到考试招生制度改革的大局。因此，要按照培养德智体美全面发展的社会主义建设者和接班人的总要求，全面贯彻党的教育方针，坚持立德树人和正确的育人导向，通过改革，使考试招生制度更好地发挥对中小学校全面实施素质教育的正确导向作用，促进社会公平，提高人才选拔水平。只有坚持正确的改革方向，不断深化改革，才能回应和解决群众关切的突出问题，更好地促进学生健康成长，促进公平和科学选才。

改革从本质上讲是中国特色考试招生制度的完善，而不是另起炉灶的制度革命，更不是取消考试。目前，我国已初步形成了相对完整、具有自身优势和特色的考试招生制度，这一制度帮助数以千万计的莘莘学子实现了成才的梦想，为国家选拔了各级各类人才，维护了社会公平，得到了社会各方面的普遍认可。但也必须看到，现行考试招生制度还存在着一些不足，如唯分数论影响学生全面发展，一考定终身使学生学习负担过重，区域城乡间教育机会存在差距，对近年来时有发生的考试招生行为失范、徇私舞弊等不良现象还缺乏足够的制度约束等。解决这些问题，需要在制度安排上进行完善。通过政策调整可以很快见效的，应该立即整改。对一些涉及深层次体制机制的问题或存在诸多争议的问题，要做好顶层设计，在保持制度的稳定性和连续性的基础上，通过渐进改革逐步完善，切不可急于求成。一些重大改革举措，要按照学制周期提前向社会公布，形成合理预期，避免突变性改革给考生带来不必要的无所适从。对经济社会不同发展水平的地区，应区别对待，因地制宜，不能搞一刀切。对其他国家在考试招生方面的有益经验，要从我国的实际出发，在发挥自身考试招生制度优势的基础上，有选择地学习借鉴。

高考改革是考试招生制度改革的核心，也是难点，社会高度关注。正是由于高考改革的复杂性和敏感性，其改革必须充分兼顾各个利益相关方的不同诉求，把握住最佳平衡点，因此进行综合改革试点非常必要。《实施意见》明确提出高考要进行综合改革试点，改革科目设置，在减少统一高考科目的基础上，探索基于统一高考和高中学业水平考试成绩、参考综合素质评价的多元录取机制。这是贯彻党的十八届三中全会精神，发挥高考"指挥棒"对高中学校实施素质教育的导向作用，引导学生全面而有个性地发展的重大举措。在少数有改革基础和改革意愿的省市进行试点，充分体现了积极稳妥的精神。试点工作将赋予试点地区较大的探索空间，充分尊重地方的首创精神，这将最大限度地促进改革在难点问题上取得突破，保证改革工作平稳有序地推进。

PART 2

第二部分　　改革任务解读

第二章
高中学业水平考试都考些什么

高明是浙江省2014年秋季新入学的高一学生，因为浙江是此次高考新政试点区之一，2017年，他将成为高考新政的首批受影响者。事实上，新政对他的影响已经开始显现了。

高考新政将高中学业水平考试成绩作为高校招生的依据。这意味着，无论高明将来要考高职还是大学，高中三年期间他都需要在"高中学业水平考试"上下功夫，需要在高中阶段尽可能早地确定自己未来的专业发展方向，选择高中学业水平考试计入高考成绩的三个科目，并在高中阶段考好这三个科目。

让高明困惑的是：与以往相比，改革后的学业水平考试会不会加重课业负担？他该如何适应这一变化？如何选择计入高校招生录取总成绩的科目？选错了该怎么办？学业水平考试的五个等级有比例规定，为什么这么做？学业水平考试成绩直接影响高校招生录取，如何保证考试是科学、规范、可信的？……

第四问　全科开考会不会增加学生负担？如何适应这一变化？

——从统考"套餐"变为选考"自助餐"

像高明一样，课业负担是高中生及其家长非常关注的问题。根据高考新政，考试范围覆盖所有科目，学业水平考试成绩将作为高校招生录取依据之一，与以往相比，改革后的学业水平考试会加重学生的课业负担吗？学生该如何适应这一变化呢？

[政策原文]

改革考试科目设置。增强高考与高中学习的关联度，考生总成绩由统一高考的语文、数学、外语3个科目成绩和高中学业水平考试3个科目成绩组成。保持统一高考的语文、数学、外语科目不变、分值不变，不分文理科，外语科目提供两次考试机会。

坚持全面考核，促进学生完成国家规定的各门课程的学习。坚持自主选择，为每个学生提供更多的选择机会，促进学生发展学科兴趣与个性特长。坚持统筹兼顾，促进高中改进教学，服务高校选拔学生，减轻学生过重的课业负担和学习压力。

《普通高中课程方案(实验)》所设定的科目均列入学业水平考试范围。语文、数学、外语、思想政治、历史、地理、物理、化学、生物等科目考试，由省级教育行政部门统一组织。艺术(或音乐、美术)、体育与健康、通用技术、信息技术考试，可由省级教育行政部门制定统一要求，确定具体组织方式。

在实行高考综合改革的省(区、市)，计入高校招生录取总成绩的学业水平考试3个科目，由学生根据报考高校要求和自身特长，在思想政治、历史、地理、物理、化学、生物等科目中自主选择。学生可以在完成必修内容的学习，对自己的兴趣和优势有一定了解后确定选考科目。

各省(区、市)根据国家发布的普通高中课程方案和课程标准的规定及要求确定考试内容。要对相关科目的实验操作、外语听力和口语的考试提出要求。命题应紧密联系社会实际与学生生活经验，在全面考核学生基础知识和基本技能的基础上，注重加强对能力的考查。

——教育部《关于普通高中学业水平考试的实施意见》

教育部《关于普通高中学业水平考试的实施意见》及答记者问

[权威解读]

教育部基础教育二司司长郑富芝：这次改革将努力减轻学生过重的课业负担。

一是考试成绩以"合格、不合格"和"等级"方式呈现。除了计入高校招生录取总成绩的学科外，其他学科达到国家规定的基本教学要求，考试合格即可。不参加高考的学生，不需要和其他学生学习、备考一样难度的教学内容。

二是现行高考科目是统一规定的，有的科目学生不擅长但又必须考。改革后，计入高校招生录取的3科学业水平考试科目是可选的，可以由学生根据自己的兴趣和特长自主选择，扬长避短。学生学习有兴趣和擅长的东西，可能就不会感觉太累。

三是现行高考是将高一、高二学习的内容一直带到高三"算总账"，三年中各门考试科目一直处于备考的过程中，并且毕业时集中考6门，学生考试的门数多，强度大。改革后，与高校招生录取挂钩的学业水平考试安排在三年中完成，实现每门课程学完即考，可以分散备考的门数，缩短备考的持续时间，减轻一次性考试带来的心理压力。

实行高考综合改革后,给高中教育教学和学生学习带来一些变化,主要是原来学生只能选择文综、理综,多数学校按文科班和理科班教学,现在学生可以文理兼修、文理兼考,选择权进一步加大,学校按学生的选择实行走班教学。这些变化为真正实现因材施教和促进学生个性特长发展创造了条件,但对教学实施和学生管理等提出了新的更高要求。

为适应学业水平考试带来的变化,各地要全面推进高中教学改革。一是调整教学组织方式。满足学生选学的需要,合理编班,把走班教学落到实处。二是提高校长和教师的教学管理能力。加强校长和教师的培训、研修,改革人才培养模式,根据学生不同的选择,组织实施相应的教学,真正做到因材施教。三是加强教学条件保障。在设施设备、师资配备等方面要积极创造条件,满足新的教学需要。

学生要在学习过程中培养兴趣,发现自己的特长和优势,在教师的指导下学会选择,规划人生。教育部印发的《普通高中学生发展指导纲要(试行)》,要求建立高中学生发展指导制度,提高教师对学生人生发展规划的指导能力。

「图解高中学业水平考试」

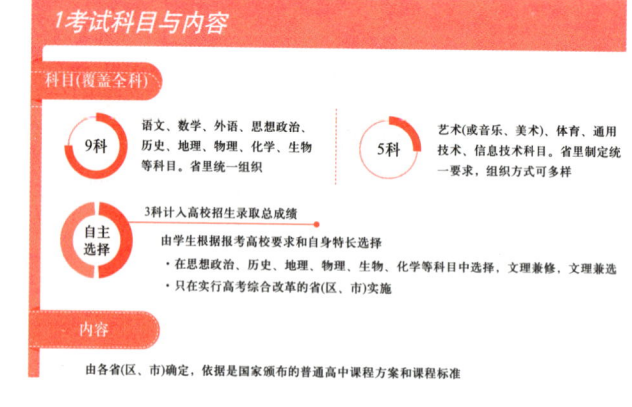

普通高中学生发展指导纲要(试行)

2 考试对象与时间

对象

普通高中在校生均须参加；高中阶段其他学校在校生和社会人员也可参加

时间

- 学期结束时：考试时间一般安排在学期结束时
- 每年组织安排考试要覆盖所有科目
- 一科两考：要积极创造条件，为有需要的学生参加同一科目两次考试及更换已选考的科目提供机会

3 考试成绩呈现与使用

成绩呈现方式

以等级呈现，由高到低为A、B、C、D、E，原则上各省(区、市)各等级人数所占比例如下：

计入高校招生录取总成绩的3个科目：
- A ▶ 15%
- B ▶ 30%
- C ▶ 30%
- D+E ▶ 25%

其他科目：
- 合格
- 不合格

成绩使用

- 毕业：作为学生毕业及高中同等学历认定的主要依据
- 升学：提供给高校招生使用，具体要求和使用办法各省(区、市)及高校确定
- 转学：由转出地省级主管部门出具成绩证明，接受地进行具体转换确定

4 高中学业水平考试性质

1. 学业水平考试是鉴定普通高中学生相关科目学习质量的水平考试。不同于具有选拔性质的高校招生考试，也不同于为学分认定而设置的模块考试。
2. 学业水平考试是考核普通高中学生相关科目学习是否达到课程标准要求的主要手段，也是检查普通高中学分认定公平、公正程度的重要手段。
3. 学业水平考试结果是高等学校招生选拔的主要参考依据之一。
4. 有利于保证普通高中按照国家课程方案和课程标准组织教育教学，促进学校不断提高课程实施的质量和水平。

5 如何保证考试规范科学可信？

- 建立责任追究制
- 统一阅卷程序标准和方式
- 按国家教育考试标准设考点、考场
- 省级教育行政部门统一管理
- 省级专业命题机构依据国家课程标准命题

（来源：中国教育在线）

第五问　如何选择计入高校招生录取总成绩的科目？选错了怎么办？

——从"取长补短"变为"扬长避短"

改革前，不管是在"一考定水平"的学业考试中，还是在"一考定终身"的高考中，学生对考试的恐惧，胜过考试内容对学生的挑战。更为糟糕的是，学生往往会把考试成绩的高低与运气的好坏相关联，从而在日常学习中更愿意追求"投机取巧"而不是"脚踏实地"。高明尤为想知道的是，高考改革后，如何逐渐从考试的紧张情绪中解脱出来？怎么展示自己的学习实力？

[政策原文]

学校要均衡安排每学年的授课科目，统筹确定每个年级的学生参加考试的科目数量，原则上高一年级 2 个科目左右，高二年级 6 个科目左右，高三年级 6 个科目左右。各省（区、市）每年组织安排的考试要覆盖所有科目，满足不同学生选考的需要，考试时间一般安排在学期结束时。各省（区、市）要积极创造条件，为有需要的学生参加同一科目两次考试以及更换已选考的科目提供机会。

——教育部《关于普通高中学业水平考试的实施意见》

[权威解读]

教育部基础教育二司司长郑富芝：赋予学生考试的选择权，这是考试制度建设的重要突破。计入高校招生录取总成绩的 3 个学业水平考试科目，由学生根据报考高校要求和自身特长，在思想政治、历史、地理、物理、化学、生物等科目中自主选择，可以文理兼修、文理兼选。

为便于选考，学生可以在完成必修内容的学习，对自己的兴趣和优势有一定了解后确定选考科目。高校要在学生选择考试科目前，公布对学业水平考试科目的具体要求，保证信息透明、对称，使学生有充足的时间做出安排。

在考试时间上，一是各省每年安排的考试要覆盖所有科目，满足不同学生选考的需要，考试时间一般安排在学期结束时。二是为防止学校突击考试、过早结束非高考课程、过多安排时间准备高考科目，根据各门课程的容量和正常教学进度，对每个年级学生参加考试的科目数量提出原则要求。三是各省要提前公布学业水平考试的报名时间、开考科目、考试时间、报名方式等，便于学校安排教学及学生报名考试。

选错了可以改。对确定了三个选考科目的学生，要求各地创造条件，提供更多机会。一种情况是选考科目没问题，第一次没考好，可以提供再考一次的机会；一种是为已选考的学生提供更换选考科目的机会，目的是减轻学生的焦虑和心理负担，满足学生更换选考科目的需求，但由于涉及考务和考试成本问题，这还是个良好的愿望，未来的发展方向是两次选考机会。

[案例]

按照新高考政策，除了语文、数学、外语这三门必考科目，高考生还将从物理、化学、生物、政治、历史、地理、技术七门学科中选考三门。到底选考哪些科目呢？对于浙江省高一学生来说，这是当下就要考虑的问题。

根据浙江省教育考试院介绍，2017年全国约有1400所高校拟在浙江招生，本次公布的选考科目范围涵盖2.37万余个专业(类)。

各高校在浙江招生确定专业(类)选考科目的依据是自身办学特色和定位，以及不同学科专业人才培养需要，如理学专业、医学专业、工科专业等大多对物理或化学科目提出要求，考生需具备该科目的扎实基础，才能更好地学习这些专业。

在各校提出选考科目要求的专业(类)中，选择最多的是物理，涉及设限专业(类)的81%；其次是化学，涉及64%；再次是技术，涉及36%；生物、历史、地理、政治分别涉及32%、19%、15%、13%。

除了高校对于各科目的"好恶"以外，还需要了解学生的"好恶"。

浙江大学附属中学和杭师大附属中学做了问卷调查。两校一千多位高一学生，选化学、物理的人最多，有六成左右。"对学科有浓厚兴趣"是大部分学生选择的理由，其次是"考虑大学专业要求和招生要求"，也有考虑高考科目报考人数的，"竞争大的科目不选，竞争少的才选"。不过这种选择也不全是从一而终的，一些同学在逐渐学习的过程中，慢慢了解了自己的"好恶"，后来改变了最初的选择。一位女生调查时选了物理、政治和地理，但考试时地理没考好，化学倒是不错。她说半学期学下来，结合这次考试感觉，她想把地理换成化学。另一位女生也改了主意，她原来选了化学、生物、政治，现在想用历史换掉政治，觉得历史更有意思。还有一位女生，喜欢化学和生物，她说将来想以此为职业，不打算因为平时成绩的波动而改主意。

浙大附中校长申屠永庆说："这种变化以后还会有。本学期末我们要做第二次调查，让家长和孩子一起讨论，下学期再做第三次调查。之后，再综合大学对专业的要求，学科老师的指导意见，让学生对选课科目做最后选择。"

第六问　学业水平考试的五个等级为什么要有比例规定?

——成绩具有区分度有利于高校选拔人才

长期以来，考试成绩以百分制呈现，给学生造成了很大的课业负担和心理压力。以"合格、不合格"或"等级"呈现成绩打破了只用百分制评价学生、评价教育质量的做法，淡化了分分计较，学生可以腾出更多的时间和精力，学习一些新的、自己感兴趣的东西。但是，高明不明白，为啥等级还要有比例规定呢？

[政策原文]

考试成绩呈现方式。考试成绩以"等级"或"合格、不合格"呈现。计入高校招生录取总成绩的学业水平考试3个科目成绩以等级呈现，其他科目一般以"合格、不合格"呈现。

以等级呈现成绩的一般分为五个等级，位次由高到低分别为A、B、C、D、E。原则上各省(区、市)各等级人数所占比例依次为：A等级15%，B等级30%，C等级30%，D、E等级共25%。E等级为不合格，具体比例由各省(区、市)根据基本教学质量要求和命题情况等确定。

考试成绩使用。学业水平考试成绩合格，作为普通高中学生毕业以及高中同等学力认定的主要依据。要将学生学业水平考试所有科目成绩提供给招生高校使用，具体要求和使用办法由各省(区、市)及高校确定。

各级教育行政部门要加强对学业水平考试结果的研究与分析，做好教学反馈与指导，不断提高教学质量。任何单位和个人不得根据学业水平考试成绩给学生排队，不得仅以考试成绩作为评价学校和教师的依据。

学生跨省(区、市)转学时,应由转出地省级主管部门出具成绩证明,接受学生的省(区、市)对用于高校招生录取使用的科目等级成绩进行具体转换确定。

——教育部《关于普通高中学业水平考试的实施意见》

[权威解读]

教育部基础教育二司司长郑富芝:教育部《关于普通高中学业水平考试的实施意见》规定,计入高校招生录取总成绩的3个科目成绩以等级呈现,其他科目达到国家规定的基本教学要求,合格即可,避免加重学生课业负担。等级一般分五个,规定了每个等级人数所占比例,保证成绩的区分度和可比性,方便评价和招生录取使用。

为什么要划分比例?这更多的是从高校招生录取的使用角度考虑。高考改革科目可选是个亮点,但必须解决可比性问题,划分比例是一个途径,具体转化有很多技术性工作,需要试点省份积极探索。只要是科学的、合理的,老百姓能接受的,都可以。

山东省教育厅副厅长张志勇:这次高中学业水平考试将考试科目的成绩呈现方式分为"等级"和"合格、不合格"两类,意味着高中学业水平考试形成了两类考试科目,即"合格考"和"等级考",并将参加"合格考"或"等级考"科目的选择权真正交给学生。选择"合格考"的考试科目,意味着学生完成国家规定课程学习的基本要求即可;而选择"等级考"的考试科目,则意味着学生要根据自己的兴趣爱好,加强对相关课程的选修学习。这种高中学业水平考试制度,既保证了学生的全面发展,又最大限度地促进了学生选择自己有兴趣的课程进行学习,为促进学生的差异学习和个性发展提供了制度保障。

这次高中学业水平考试坚持统筹兼顾的原则,既保证了普通高中学业水平考试制度的完整性，又为服务高等学校选拔学生架构了制度通道，目的是促进高中改进教学，服务高校选拔学生，减轻学生过重的课业负担和学习压力。规定学生可根据自己所报考高校的要求和自身特长，从思想政治、历史、地理、物理、化学、生物等科目中选择3个科目的成绩，提供给高校招生录取使用。而高校要根据自身办学定位和专业培养目标，研究提出对考生高中学业水平考试科目报考要求和综合素质评价使用办法，提前向社会公布。这次考试招生制度改革，通过高等学校对考生高中学业水平考试科目的使用要求与高中生对高中学业水平考试科目"合格考"或"等级考"的选择，实现高中生对高中课程学习与大学专业学习基础的双向对接，为打通我国普通高中和高等学校人才培养体系提供了制度保障。

[案例]

新高考下的学考选考成绩与以往传统的考试成绩有所不同，并非直接体现卷面分。学考和选考成绩究竟是怎么得来的？浙江省考试院对2015年浙江省新高考首次学考选考成绩做了权威解答。

学考的成绩总共划分为A、B、C、D、E五级，其中E等为不合格（比例不超过5%）。每个等级划分比例情况如下表所示。学考以当次当科考生的卷面得分(卷面满分70分)为依据，按照下表的等级比例，按照最接近的累计比例划定等级。

学考科目的等级划分

等级	A	B	C	D	E
人数比例(%)	15	30	30	20	不超过5

由于选考是在学考"必考题"基础上增加"加试题"形成的，同

一科目的学考和选考同时安排考试。因此，考选考的考生，同时把学考也考了。在划定某一科目当次学考等级时，也会把选考的考生全部计入划学考等级的基数。换句话说，就是选考可以"一考两用"，既能获得学考等级，同时又能获得高考选考科目赋分。例如，有10万学生考某一科70分满分的学考试卷，5万学生考该科100分满分的选考试卷，考完后按15万学生划定该科目的学考等级，按5万选考学生去掉学考70分部分不合格者划定该科目的选考等级。

而选考的成绩则以当次当科考试考生的卷面得分(卷面满分100分)为依据，根据下表的等级比例，按最接近的累计比例划21级，并按下表的对应关系赋分，在招生录取时计入高考总分。选考科目以学考合格为赋分前提，起点赋分为40分，最高分为100分。

选考科目的等级划分和赋分

等级	1	2	3	4	5	6	7	8	9	10
人数比例（%）	1	2	3	4	5	6	7	8	7	7
赋分（计入高考总分）	100	97	94	91	88	85	82	79	76	73
等级	11	12	13	14	15	16	17	18	19	20	21
人数比例（%）	7	7	7	7	6	5	4	3	2	1	不超过1
赋分（计入高考总分）	70	67	64	61	58	55	52	49	46	43	40

具体怎么赋分？给大家举个例子，假如小明本次某选考科目卷面成绩为85分，他这个成绩位于全省考生的7%~10%，按照上表对应第4等级，他本次选考科目的赋分就是91分。如若在后续选考科目中得到的赋分是88分，那么2017年的高考就以91分(较高分)计入总分。

另外，省考试院还提醒，假如考生对自己的某科成绩有较大疑问，可以在规定时间内向当地教育考试机构申请办理查对申请。

第七问　如何保证学业水平考试在实施过程中不走样？

——确保学业水平考试成绩可信可用

学业水平考试成绩将直接影响高校招生录取，相比欧美国家，高利害考试在我国更加敏感，社会各界对此非常关注。像高明一样，众多考生尤为关切的是，如何保证考试是科学、规范、可信的。

[政策原文]

加强组织领导。实施学业水平考试是深化考试招生制度改革的重大举措，各地要高度重视，加强领导，精心组织。省级教育行政部门要对学业水平考试进行统一管理。要明确各相关部门职责，理顺工作关系，加强协调配合。要确保命题、阅卷、考务等方面的经费投入以及人员配置。

确保命题质量。要由省级专业命题机构组织命题。建立命题人员资格标准和命题专家库，强化命题人员培训。加快题库建设。开展试卷评估和分析，切实提高命题的科学化和专业化水平。

严格考试管理。要按照国家教育考试的标准和要求，统一设置考点、考场，规范考场布置、实施程序等。统一阅卷（考核）程序、标准和方式，确保评分准确。加强安全保密。建立健全诚信机制。严肃考风考纪，建立责任制和责任追究制。对考试作弊等违规行为，严格按照《国家教育考试违规处理办法》（教育部令第33号）等有关规定进行处理。

——教育部《关于普通高中学业水平考试的实施意见》

国家教育考试违规处理办法

[权威解读]

浙江省教育考试院副院长刘宝剑：高中学业水平考试按照国家课程标准和教育考试规定实施，由省级考试机构统一组织命题和考试，可以保证高中学业水平考试的权威性和可信度。省级教育行政部门依据教育部的意见，制定本省（市、区）高中学业水平考试的具体实施办法，对考试科目、报考对象、成绩呈现、成绩使用等做出明确规定，并授权省级教育考试机构负责高中学业水平考试的具体实施，组织命题、报名、考试、评卷等。从省到县的三级教育行政部门和考试管理机构，组成了一个严密、专业、完备的考试管理体系。

以浙江省为例，省教育考试院组织来自高校、高中及教研部门的优秀学科教师，在认真研究国家普通高中课程标准的基础上，提出各科考试范围、内容、要求和试题题型、题量、分值的初步意见，并向高中、教研部门和高校征求意见。**命题和审题与高考一样采用全封闭"入闱"方式，安排充裕时间进行"磨题"，既有效满足了试题的安全保密需求，也保证了试题的质量。**

统一命题和考试是保证学业水平考试权威性和可信度的核心要素。 统一组织考试主要体现在考点设置统一标准，考生考场统一编排，监考教师交叉安排，考场指令全省统一，考风考纪统一要求。

高中学业水平考试科目多、考生多，评卷工作量大、时间紧，精心组织确保质量至关重要。**浙江目前的做法是参照高考评卷模式——网上阅卷、一卷双评。** 某次某学科的所有答卷由一个市负责评阅，某个市具体评阅哪个学科由省教育考试院统一随机安排；各市建立由市教育局主要领导担任组长的评卷领导小组，具体工作由市教育考试机构负责，评卷教师从全省选聘，以当地高中教师为主；省教育考试院提供参考答案，确定评分标准，并派出以命题专家为主的评卷指导组，全程指导评卷工作，抽查评卷结果。**评卷结束后，依据卷面成绩和事**

先公布的等级划分原则，确定各等级分数线，学生对其学科成绩有异议时可以申请复核。通过这些举措，可以保证高中学业水平考试的权威性和可信度。

[**案例**]

以上海市为例，语文、数学、外语（含外语听说测试）合格性考试，思想政治、历史、地理、物理、化学、生命科学6门科目的合格性考试及等级性考试由市教育部门组织统一命题、统一考试、统一网上评卷。

信息科技合格性考试和物理、化学、生命科学技能操作测试由市教育部门统一命题、统一制定评分标准，高中学校在统一的时间内组织实施。其中，技能操作测试采用现场评分的方式，信息科技科目考试由市教委组织老师统一评卷。

体育与健身、劳动技术和艺术3门科目不设统一考试，由学校依据相关学科课程标准要求，以学生平时表现为依据综合评定考试成绩。

2016年1月16日，上海市普通高中学业水平考试（高三科目）暨上海市普通高校春季招生统一考试开考。考前，各考区高度重视本次考试，严格落实各项考试要求，完善考试突发事件应急处置机制。上海市还通过学校及各级各类媒体等多种渠道、多种形式加强诚信考试宣传教育和考试规则宣传培训，充分做好各项考试准备工作。

考试前一天，上海市教委、市教育考试院联合组织4个巡视组对上海各区（县）部分考点进行考前检查，对组织机构建设、安全保密实施、考点环境、突发偶发事件应急处置预案等重点工作进行逐一检查。

考试期间，上海市考试现场指挥部对20个考区的考务指挥中心进行了视频巡查，同时还对全市考场进行全程实时监控。市委宣传部、市高级法院、市发改委、市经信委、市公安局、市国家保密局、武警上海市总队、市卫计委、市环保局、市水务局、市食药监局、市电力公司等招考联席成员单位和市教卫工作党委宣传处，市教委基教处、学生处，市教育考试院党政负责人等在现场指挥部协同办公，联防联动。各考区均设现场指挥部，相关负责人到岗到位。

第三章
高中生综合素质评价，怎么评、怎么用

新一轮高考改革，将高中生综合素质评价纳入高校录取招生体系，引发了社会广泛关注。很多家长、学生都想知道：综合素质评价主要会评些什么，怎么评？如何保证公平公正？综合素质评价的结果到底会怎样运用到高校招生录取中？

这不，家住上海的小高马上就要升高一了，听老师说新高考要把高中学生综合素质评价纳入高招体系当中，这让小高和他爸妈都有点紧张，也有点疑惑，抽象的综合素质怎样评价？由高中班主任或学校做出文字性评价，主观性太强，能否保证学校对所有学生做出客观公正的综合素质评价？市级三好学生、优秀班干部都可以作为标志性成果，一些有权力、有关系的家长，总能让自己的孩子获得这些"资历"，如何保障高中学生综合素质评价的公平、公开、公正？……这些疑问，就连经历过高考的表姐也讲不清楚，毕竟这是高考新政。

第八问　为什么要实施综合素质评价？

——从只看"冷冰冰的分"到关注"活生生的人"

对于小高来说，综合素质评价也不是什么稀罕事，从读小学开始，学校每年都会对同学们进行综合素质评价，填写成长记录册，将同学们在校期间德智体美等方面的日常表现一一记录。

不过，在高考改革中实行综合素质评价，将评价结果纳入高校招生录取体系中，小高还是第一次听说。为什么要全面实施综合素质评价呢？我们先来看看国家的改革方案是怎么说的。

[政策原文]

◎ 综合素质评价的"三个有利于"

综合素质评价是对学生全面发展状况的观察、记录、分析，是发现和培育学生良好个性的重要手段，是深入推进素质教育的一项重要制度。全面实施综合素质评价，有利于促进学生认识自我、规划人生，积极主动地发展；有利于促进学校把握学生成长规律，切实转变人才培养模式；有利于促进评价方式改革，转变以考试成绩为唯一标准评价学生的做法，为高校招生录取提供重要参考。

——教育部《关于加强和改进普通高中学生综合素质评价的意见》

教育部关于加强和改进普通高中学生综合素质评价的意见

[权威解读]

◎ 探索多元录取机制，实施综合素质评价

国家教育咨询委员会委员、联合国教科文组织协会世界联合会副主席陶西平：将学生综合素质评价正式纳入考试招生制度框架内，是一项更加科学全面也更为重要的关键性制度建设。

综合素质评价是提高学生全面素质的重要举措，是教育方针、培养目标、教育过程、教育结果相统一的不可或缺的重要环节。评价的综合性就在于不仅要关注学生的学业成绩，而且要发现和发展学生的全面素质基础和多方面潜能。因此，由只重视对学生以分数为依据的单一评价转向更加重视对学生综合素质的评价，不仅有助于高等学校选拔人才，也有助于实施素质教育。

从只看"冷冰冰的分"到关注"活生生的人"，是推进教育改革的有力措施，为高校选拔人才提供了更为全面科学的依据。

事实上，综合素质评价不仅在考试招生制度改革中发挥作用，在整个教育综合改革中也扮演着重要角色。综合素质评价一方面引导学生自我教育、自我发展，向着既有坚实的素质基础又有鲜明的个性特长的目标前进。另一方面引导教师转变教育教学行为和方式，树立全面的教育质量观和学生观，从而实现教育的整体优化；引导学校转变办学理念和管理方式，以学生综合素质提升作为学校教育的出发点和归宿；引导家长和社会为学生的全面发展提供支持和服务。

[域外视角]

◎ 国外大学招生综合素质怎么评[①]

事实上，不只是在中国，在世界范围内，还有很多国家将综合素质评价纳入高校招生录取体系，作为重要的参考。

美国实施的是具备多样性、多元性和综合性的考试评价选拔标准和体系。通过组织学生进行统一的考试来衡量学生的学习水平；通过

---

① 孟文婷. 国外高考招生过程中综合素质评价的经验及启示［J］. 教育实践与研究（B），2013，05：9-10.

学生提供的在高中所修课程的学业成绩，来对学生的过程性学习做出科学合理的评价；通过面试、学生的推荐信、入学申请书以及学生参与课外活动的证明材料等来评价学生的各方面表现。

英国高校招生制度中最为突出的是建立了高校入学资格系统，其中包括22项证书，内容涉及学术、职业知识和技能等多个领域。高等院校在选拔人才时以学生的证书成绩为主要参考依据，同时综合评定学生的各方面素质。由于招生录取方式的不同，英国高校主要分为两类——选拔型和招生型，这两类高校有着自己独特的招生录取模式。但总体来说，英国高校主要采取的是证书成绩与综合考评相结合的招生录取模式。

韩国教育与人力资源部在相关规定中提出，各高校可以自行选择反映学生综合素质和能力的各类资料，并对其进行自由组合。例如，有些学校关注学生的日常生活行为、学生的学习能力和计算机水平，在选拔时就需要学生出示相应的证明材料并参加相关考试。有些学校则通过面试等环节关注学生的应变能力和对社会生活知识的积累。但是对于各类资料的参照标准和参考顺序，教育人力资源部作出了相关界定。诸如学生的生活记录簿要求记录学生的全部学习活动，包含个人身心发展的基本信息、各类奖项与资格证书的取得情况、各类活动情况以及学习升学情况等。

第九问　综合素质评价主要评价学生什么？

——评价学生德智体美全面发展情况

小高是学校足球队的前锋，球踢得漂亮，身体素质也特别棒，还在区里的足球联赛中获奖。最近，小高功课忙，还在想着，要不要继续参加校队，踢足球会不会影响功课。听说综合素质评价要纳入高校招生体系，小高又想，应该继续坚持下去，足球说不定也能成为综合素质评价的重要维度。

高中生综合素质评价到底主要考核评价哪些内容？如何用科学合理的维度记录并反映学生德智体美全面发展状况呢？

[政策原文]

依据党的教育方针，反映学生全面发展情况和个性特长，注重考察学生社会责任感、创新精神和实践能力。

1. 思想品德。主要考察学生在爱党爱国、理想信念、诚实守信、仁爱友善、责任义务、遵纪守法等方面的表现。重点是学生参与党团活动、有关社团活动、公益劳动、志愿服务等的次数、持续时间，如为孤寡老人、留守儿童、残疾人等弱势群体提供无偿帮助，到福利院、医院、社会救助机构等公共场所、社会组织做无偿服务，为赛会保障、环境保护等活动做志愿者。

2. 学业水平。主要考察学生各门课程基础知识、基本技能掌握情况以及运用知识解决问题的能力等。重点是学业水平考试成绩、选修课程内容和学习成绩、研究性学习与创新成果等，特别是具有优势的学科学习情况。

3. 身心健康。主要考察学生的健康生活方式、体育锻炼习惯、身体机能、运动技能和心理素质等。重点是《国家学生体质健康标准》测试主要结果，体育运动特长项目，参加体育运动的效果，应对困难和挫折的表现等。

4. 艺术素养。主要考察学生对艺术的审美感受、理解、鉴赏和表现的能力。重点是在音乐、美术、舞蹈、戏剧、戏曲、影视、书法等方面表现出来的兴趣特长，参加艺术活动的成果等。

5. 社会实践。主要考察学生在社会生活中动手操作、体验经历等情况。重点是学生参加实践活动的次数、持续时间、形成的作品、调查报告等，如与技术课程等有关的实习，生产劳动、勤工俭学、军训，参观学习与社会调查等。

——教育部《关于加强和改进普通高中学生综合素质评价的意见》

[图解综合素质评价的五个方面]

◎ 综合素质评价主要包括5个方面内容

2014年12月，教育部发布的《关于加强和改进普通高中学生综合素质评价的意见》明确规定综合素质评价主要包括五个方面内容。

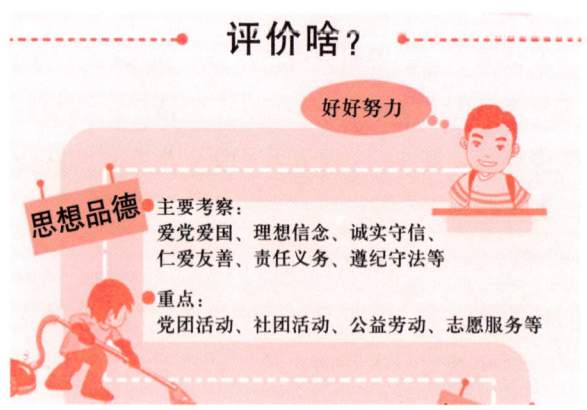

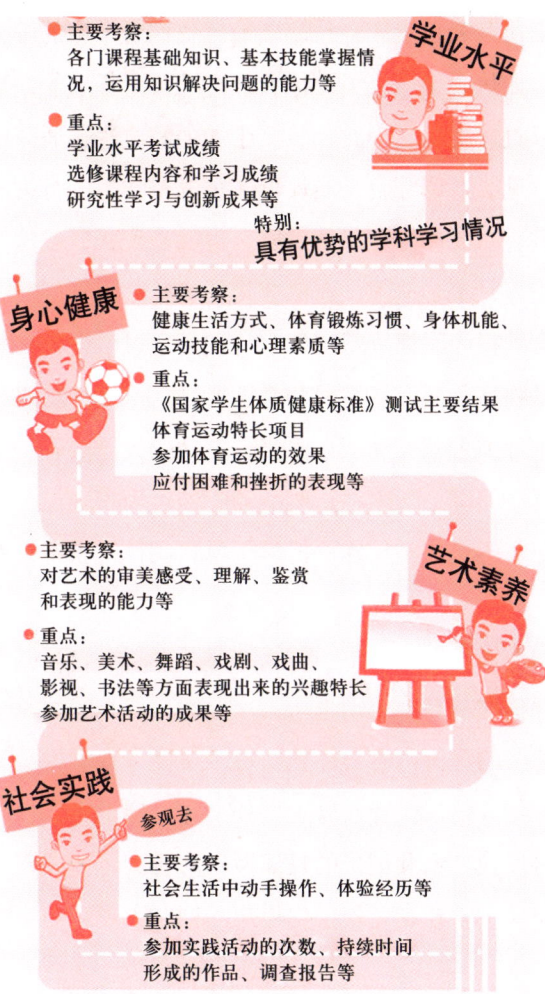

学业水平
- 主要考察：
  各门课程基础知识、基本技能掌握情况，运用知识解决问题的能力等
- 重点：
  学业水平考试成绩
  选修课程内容和学习成绩
  研究性学习与创新成果等

特别：
具有优势的学科学习情况

身心健康
- 主要考察：
  健康生活方式、体育锻炼习惯、身体机能、运动技能和心理素质等
- 重点：
  《国家学生体质健康标准》测试主要结果
  体育运动特长项目
  参加体育运动的效果
  应付困难和挫折的表现等

艺术素养
- 主要考察：
  对艺术的审美感受、理解、鉴赏和表现的能力等
- 重点：
  音乐、美术、舞蹈、戏剧、戏曲、影视、书法等方面表现出来的兴趣特长
  参加艺术活动的成果等

社会实践　参观去
- 主要考察：
  社会生活中动手操作、体验经历等
- 重点：
  参加实践活动的次数、持续时间
  形成的作品、调查报告等

[权威解读]

◎ 注重考察行为，避免千人一面

把高中综合素质评价纳入高招范围，并不是要为每个同学的综合素质进行"打分"，择优录取，而是要把能够反映学生德智体美全面发展情况的综合素质评价结果，作为学生毕业和升学的重要参考。

教育部基础教育二司有关负责人：长期以来，我们对学生的综合素质发展是有要求的，如热爱集体、关心他人、有社会责任感等，这些要求比较抽象，难以直接把握。为此，《关于加强和改进普通高中学生综合素质评价的意见》强调综合素质评价注重考察学生的行为表现，要求将参与的次数、时长作为记录的内容。也就是说，通过这样的方式，可以把热爱集体、关心他人、有社会责任感等难以直接把握的素质，通过学生日常的行为习惯进行探析。特别是通过学生在有关活动中的具体表现来反映其全面发展情况和个性特长。例如，思想品德方面，不仅要看学生参加公益劳动、志愿服务活动的具体内容，还要看参加的次数、持续时间等，学生在这些活动中的行为表现是可以考察、比较的。这就切实避免了学校在评价学生思想品德时出现大而空等问题。

国务院参事、中国人民大学附属中学校长刘彭芝：新一轮高考改革中，综合素质教育评价应从五个层面进行：

一是对"思想品德"的评价内容具体化。提出主要考察学生在爱党爱国、理想信念、诚信守信、仁爱友善、责任义务、遵纪守法等方面的表现，还列举出可以被考察和记录的具体活动内容、行为表现和典型事例，这就切实避免了学校在评价学生思想品德时出现大而空等问题。

二是评价内容增加了"艺术素养"。评价中不仅涉及平时比较熟悉的音乐、舞蹈、美术、书法等项目，还出现了戏剧、戏曲、影视这类更具民族特色、综合艺术性质的项目。这对于提高青少年的艺术品位，提升艺术素养的自觉意识，使艺术爱好和技能伴随学生终生，有着极为深远的现实意义。

三是"学业水平"部分的评价内容层次分明，有很强的指导性。《关于加强和改进普通高中学生综合素质评价的意见》将对学生的考查定位为"各门课程基础知识、基本技能掌握情况"和"运用知识解决问题的能力",其中"学业水平考试成绩"是学生的基本学习能力,而"选修课程内容、研究性学习成果"等,则是学生的学术能力,尤其"具有优势的学科学习情况",则是学生的个性特长及创造潜能,体现了鼓励性评价的原则。

这样的定位将使对学生的评价内容从单一的成绩考查向丰富的能力考查转变,由原来的终结性评价变为终结性评价和过程发展性评价相结合,对学生基本能力的考查从一元走向多元,这非常有利于促进人才培养方式的根本性变革。

很多专家指出,学生的相关特长、突出事迹、优秀表现等情况都记入了综合素质评价档案,这就有效避免了千人一面和面面俱到,做到了重点突出,能够准确揭示每个学生的个性特点,为高校招生录取提供有效的参考依据。至于具体的途径,则是通过学生综合素质档案来表现,学生综合素质档案应该是综合素质评价的主要依据。

清华大学附属中学校长王殿军:学生综合素质档案必须由学生成长过程中的客观记录组成,客观记录除了确保客观真实之外,也必然有一定的选择性。我们要选择那些在学生成长过程中能体现社会责任感、创新精神和实践能力方面的内容予以记录。具体而言,就是能反映学生思想品德、学业水平、身心健康、艺术素养、社会实践五个方面的内容。

[地方试点]

◎ 上海在综合素质评价和记录方面主要侧重四个部分的内容:

第一,品德发展与公民素养。主要反映学生在践行社会主义核心价值观、弘扬中华优秀传统文化等方面的情况,包括爱党爱国、理想信念、诚实守信、仁爱友善、责任义务、遵纪守法等。重点记录学生遵守日常行为规范,参加志愿服务(公益劳动)、党团活动等情况。

关于加强上海市普通高中学生志愿服务(公益劳动)管理工作的实施意见(试行)

第二，修习课程与学业成绩。主要反映学生各门课程知识和技能掌握情况以及运用知识解决问题的能力等。重点记录学生学业水平考试成绩、基础型课程成绩、拓展型课程和研究型课程学习经历等。

第三，身心健康与艺术素养。主要反映学生的健康生活方式、体育锻炼习惯、身体机能、运动技能和心理素质，对艺术的审美感受、理解、鉴赏和表现的能力。重点记录《国家学生体质健康标准》测试结果，参加体育运动、艺术活动的经历及表现水平等。

第四，创新精神与实践能力。主要反映学生的创新思维、调查研究能力、动手操作能力和实践体验经历等。重点记录学生参加研究性学习、社会调查、科技活动、创造发明等情况。

◎ 浙江省在综合素质评价和记录方面主要侧重四个部分的内容：

第一，审美与艺术。普通高中艺术领域的课程修习情况；参与教育行政部门认可的、与艺术相关的教育教学活动情况。

第二，运动与健康。普通高中运动与健康领域的课程修习情况；《国家学生体质健康标准》达标以及参与教育行政部门认可的有关体育类教育教学活动情况。

第三，劳动与技能。普通高中科学和技术领域中有关动手操作部分内容；参与教育行政部门认可的与动手技能相关的教育教学活动情况。

第四，探究与实践。普通高中研究性学习与社会实践活动参与情况；参与教育行政部门认可的相关教育教学活动情况。

第十问　综合素质评价该如何评？

——五步程序突出写实记录，加强公示审核

当前的高中学生综合素质评价，在实际操作过程中存在"走过场""集中突击"等问题，这让综合素质材料的真实性和可信性大打折扣。对于将综合素质评价纳入高校招生录取体系，很多家长都担心，如何确保公平公正，如何不被钻空子。湖北省武汉市武珞路中学学生家长甘先生就说："我们打心眼里希望孩子能全面发展，但综合素质评价能不能真正做到真实、可信，不被钻空子，对此我比较关心。"

因此，综合素质评价是怎么评价的呢？如何确保公平、公正呢？成为家长们最关心的问题。

[政策原文]

在教育部《关于加强和改进普通高中学生综合素质评价的意见》中明确提出了综合素质评价的评价程序：

1. 写实记录。教师要指导学生客观记录在成长过程中集中反映综合素质主要内容的具体活动，收集相关事实材料，及时填写活动记录单。一般性的活动不必记录。活动记录、事实材料要真实、有据可查。

2. 整理遴选。每学期末，教师指导学生整理、遴选具有代表性的重要活动记录和典型事实材料以及其他有关材料。用于招生使用的材料，学生要签字确认。

3. 公示审核。遴选出来、用于招生使用的活动记录和事实材料必须于每学期末在教室、公示栏、校园网等显著位置公示。班主任及有关教师要对公示后的材料进行审核并签字。

4. 形成档案。各省（区、市）要对学生综合素质档案格式提出基本要求。学校要对相关材料进行汇总，为每位学生建立综合素质档案。档案的主要内容包括：主要的成长记录，包括思想品德、学业水平、身心健康、艺术素养、社会实践五个方面的突出表现；学生毕业时的自我陈述报告和教师在学生毕业时撰写的简要评语；典型事实材料以及相关证明。

档案材料要突出重点，避免面面俱到、千人一面。有些活动项目学生没有参加或事迹不突出，可以空缺。规范和减少高考加分项目后，学生的相关特长、突出事迹、优秀表现等情况记入学生综合素质档案。教师评语要客观、准确揭示每个学生的个性特点。学校要对学生的档案材料进行审核。

5. 材料使用。高中教师要充分利用写实记录材料，对学生成长过程进行科学分析，引导学生发现自我，建立自信，指导学生发扬优点，克服不足，明确努力方向。

高中学校要将学生综合素质档案提供给高校招生使用。高等学校在招生时要根据学校的办学特色和人才培养要求，制定科学规范的综合素质评价体系和办法，组织教师等专业人员对档案材料进行研究分析，采取集体评议等方式做出客观评价，作为招生录取的参考。

[图解综合素质评价的五个程序]

◎ 综合素质评价五个程序环环相扣

《教育部关于加强和改进普通高中学生综合素质评价的意见》明确指出，综合素质评价包括五个程序。

[权威解读]

◎ 突出写实记录，加强公示审核

对于如何确保综合素质评价真实可信，**教育部基础教育二司相关负责人指出**，教育部《关于加强和改进普通高中学生综合素质评价的意见》明确提出综合素质评价的五个程序：写实记录、整理遴选、公示审核、形成档案、材料使用。五个程序前后连贯，环环相扣。同时对每个程序的时间、责任主体等相关要求作了明确规定。例如，写实记录由学生自己填写活动记录单，教师做指导，不是代替学生记。要及时记录，突出重点，注重写实。又如，整理遴选在每学期末由教师指导学生进行，遴选出来的材料要具有典型性和代表性。用于招生使用的材料，学校要进行公示，相关教师要签字确认。这些规定非常明确具体，旨在规范评价过程，避免各行其是。社会各界对综合素质评价的真实可信问题很关心。《关于加强和改进普通高中学生综合素质评价的意见》对此作了系统设计。

一是在评价内容上，将学生成长过程中的突出表现作为考察的重点，特别是强调通过参与相关活动情况及其成果来考察学生的综合素质状况，使评价内容可考察、可比较、可分析。

二是在评价程序上，突出写实记录、公示审核等，要求如实记录学生成长过程中的具体活动，并以事实材料为佐证，做到有据可查。用于招生使用的活动记录和事实材料必须在学校显著位置公示，班主任及有关教师审核并签字。学校最后审核把关。

三是在组织管理上，明确提出要建立健全四项监督制度，即材料公示制度，抽查制度，申诉与复议制度，诚信责任追究制度，对弄虚作假者按国家有关规定给予严肃处理，确保综合素质材料真实可靠。

对于如何确保综合素质评价公平公正的问题，**清华大学附属中学校长王殿军表示**，综合素质评价一旦被参考，大家最为担心的就是真实性和公平性。这是一个牵扯到社会诚信体系的问题。诚信体系的建设需要一个过程，如果机制和流程设计科学，综合素质评价体系的建立和使用，本身就有利于促进社会诚信体系的发展。只要能建立一套完善的监督、公示、质疑和审核机制，就可以杜绝弄虚作假的行为，确保记录的真实客观性。

北京师范大学资深教授、国家教育咨询委员会委员顾明远：综合素质评价不是量化的而是记录性的，作为大学招生的参考。例如，高校要招学术型人才，就参考学生在高中期间参加过哪些相关的学术活动记录。这些记录都需要放到网上公布，接受监督、举报，所以不怕出现暗箱操作等不公平现象。

重庆市委教工委书记赵为粮：相信大多数老师是负责的，但哪怕有1%的老师和学生破坏规则，就会造成相当大的不公。这需要各地教育部门在制定实施办法时进一步细化完善阳光公示机制，在实施中畅通监督投诉渠道。

[**案例**]

◎ **借助信息化手段开展综合素质评价记录**

对于高中学生综合素质评价的具体操作实施，**清华大学附属中学校长王殿军**建议，尽可能充分利用信息化的技术手段，形成完整的原始档案。在有条件的情况下，综合素质评价记录应尽量采取电子档案的方式，让高校可以选择，也充分照顾到高校的关注点、选择性、个性化的需求。应该全面地展示学生，不应该替他们做选择。因此，科学分类、合理分级，建立一种带有标识或索引，便于高校进行查询或者参考的综合素质评价记录才更有意义。在记录方式上，应当充分借助信息化的手段，以实现电子档案的记录，电子档案在呈现方式上应该更加便于高校调阅和参考。

江苏省海安高中构建了学生综合素质评价电子平台,包括"我的评价表""学期目标""成长体验""学期评价""成长轨迹""成绩学分查询"六大评价子项目。学生、家长、班主任、任课教师、教务教师、心理指导教师及校医等,各有填写和查看的权限。每学期结束时,学生在家里就能直接浏览、打印自己的综合素质评价表;分班时,所有资料自动流转到新班级;毕业时所有评价表一次性全部输出。

"与过去的综合素质评价表和档案袋相比,此平台省时又省力。"**海安中学校长吕建**告诉记者,"其最大的优势就是信度高。"记者登录时发现,除了学生的文化成绩、体质、体能数据及违规受到学校处理可作为隐私不公开外,其他所有内容都必须在平台上公开展示,包括相关的佐证材料,如高一(18)班学生姜楠在"研究性学习"一栏中填写了《关于食物浪费现象的研究性学习》,附件中就上传了她设计的调查问卷。与此同时,该校还建立了学生成长记录质疑快速通道,质疑者可在专门界面直接参与质询,管理员受理后,学校会立即启动诚信复核机制,如发现弄虚作假,学校将对当事人提出批评甚至给予纪律处分,并记入个人成长记录。

第四章
高考考试内容改革将会怎么改

当前，在我国的考试招生制度体系下，深化高考内容改革主要通过高考命题工作来实现。所以关于高考改革，说一千道一万，考生和家长们最关注的还是改革到来后高考将侧重考什么，试卷将呈现何种新面貌。

今年高二的小杨同学和家人对高考改革分外关注。经过了2014年，小杨发现不光课程改革深入了，考试改革也来了，这可是与自身前途息息相关的大事，于是小杨找来相关文件仔细研究起来。不过小杨实在不是研究政策条款的高手，看了一圈下来，小杨就是想知道考试内容改革究竟怎么改？要怎么备考才能跟上形势、有的放矢？

第十一问　高考考试内容改革的核心是什么？

——"一点四面"是关键

党的十八大报告指出，要把立德树人作为教育的根本任务，培养德智体美全面发展的社会主义建设者和接班人。十八届三中全会决定深化教育领域综合改革，全面贯彻党的教育方针，坚持立德树人，加强社会主义核心价值体系教育，完善中华优秀传统文化教育，增强学生社会责任感、创新精神、实践能力，推进考试招生制度改革。

因此，根据国务院《关于深化考试招生制度改革的实施意见》精神和要求，深化高考考试内容改革将围绕"立德树人"这一根本任务展开。高考试卷命题将坚持以"立德树人"为核心（"一点"），加强对社会主义核心价值观、依法治国、中华优秀传统文化与创新能力四个方面（"四面"）的考查，通过形成"一点四面"实现高考试题的育人导向。未来，高考考试内容改革将继续在"一点四面"上进行深入探索。

[政策原文]

◎ 考试内容改革要坚持育人为本

坚持育人为本，遵循教育规律。把促进学生健康成长成才作为改革的出发点和落脚点，扭转片面应试教育倾向，坚持正确育人导向，践行社会主义核心价值观，深入推进素质教育，培养德智体美全面发展的社会主义建设者和接班人……

深化高考考试内容改革。依据高校人才选拔要求和国家课程标准，科学设计命题内容，增强基础性、综合性，着重考查学生独立思考和运用所学知识分析问题、解决问题的能力。改进评分方式，加强评卷

教育部《关于全面深化课程改革　落实立德树人根本任务的意见》及答记者问

管理，完善成绩报告。加强国家教育考试机构、国家题库和外语能力测评体系建设。2015年起增加使用全国统一命题试卷的省份。

——国务院《关于深化考试招生制度改革的实施意见》

[**权威解读**]

◎ 立德树人，彰显考试的育人导向

教育部考试中心主任姜钢：高考考试内容改革坚持立德树人，要回答的是教育发展"培养什么人、怎样培养人"的实质和核心问题。在命题中不仅要考查学生的知识掌握情况和问题解决能力，还要把社会主义核心价值体系融入考试内容，考查学生的综合素养，引导学生树立正确的世界观、人生观、价值观、荣辱观。

在落实立德树人的根本任务中实现"育德"和"增智"的彼此交融和共同促进，塑造出知行合一并具有社会责任感、创新精神和实践能力的社会建设者。

高考是国家选拔人才、实现社会纵向流动的重要途径，关乎莘莘学子的前途和切身利益，更涉及国家的人才培育和社会发展。高考不仅承载选拔和评价的功能，也是拓展、培育和实现立德树人的有效途径和重要的育人方式。人们常说高考是指挥棒，这是对高考教育功能的形象比喻。国家要发挥好考试的引导作用，充分体现高考的育人功能，推动教育内涵式发展，形成选拔、评价、教育引导、教学反拨的一体化新格局。

考试内容改革的方向不再是单纯的选拔功能的优化和提升，更是有意识地发挥考试在育人方面的导向功能，发挥好高考对中学教学反拨的指挥棒作用，特别是推动素质教育实施，促进人才培养模式转变，提高教育考试质量，为社会经济转型升级提供强有力的人才和智力支撑，用考试改革这根杠杆来撬动中学教育教学改革。改革的着力点是围绕立德树人的根本任务，在青年学生中培育和践行社会主义核心价值观，通过考试引导教育教学，增强学生的社会责任感、创新精神和实践能力，为培养中国特色社会主义建设者和接班人提供重要的支持和保障。

特别是近年来，高考在命题工作中更加注重渗透核心价值理念，弘扬优秀传统文化；注重理论联系实际，加强应用能力考查；不断创设新题型，丰富题型的考核功能；创新开放性试题的评分方案，提高能力考查的准确性和公平性；合理控制试卷难度，发挥区分选拔功能等。同时，从多方面进行了积极的探索，积累了丰富的经验，这些工作有效地保证了国家教育考试的科学性、导向性和规范性。

高考命题工作要更加注重科学设计考试内容，增强基础性、综合性和应用性，着重考查学生独立思考和运用所学知识分析问题、解决问题的能力。同时，牢牢把握立德树人的根本任务，找准各学科考试内容改革的突破口，细化学科考查方案，探索把学科能力考查与思想道德渗透结合起来的方式方法，通过精心设计、科学命制试题来实现考查考生能力和水平的目的，提升命题质量，实现考试内容改革在新常态下的跨越式发展。

第十二问　立德树人的教育精神在试题中如何体现？

——四个方面的考查要"吃透"

听了专家的解读，小杨豁然开朗，原来"立德树人"是教育的根本任务，同时也将指导高考考试内容的改革。可是问题又来了，"立德树人"理解起来还是太过抽象，怎么把这个核心与具体的试题联系起来呢？

[四个方面之一]

◎ **核心价值观：作为近年来高考命题的主调，你了解吗？**

近年来，为增强学生的价值观自信和发扬独立的民主精神，弘扬社会主义核心价值观已经成为高考命题的主调。"国无德不兴，人无德不立"。核心价值观就是一种德，既是个人的德，又是国家的德、社会的德。习近平指出，中国人看待世界、看待社会、看待人生，有自己独特的价值体系。青少年的价值取向决定了未来整个社会的价值取向，他们处在价值观形成和确立的时期，抓好这一时期的价值观养成十分重要。

[解读]

◎ **文科重考查，其他学科多渗透**

政治、历史等向来是引导学生形成正确价值观的重点科目。在考试内容改革中，也将在语文、文科综合等文科试卷中加强对价值观的引导和考查。

语文可以通过从优秀文学作品中选取能够反映社会主义核心价值理念的试题材料，引导学生热爱祖国、热爱祖国的语言文字和博大精深的文明，感受、认同社会主义核心价值观深厚的内涵，并将其内化为行为准则。

政治可通过考查社会生活中反映社会主义核心价值理念的典型事迹，使试题的主题和材料渗透社会主义核心价值观教育，感染学生，提高他们的价值判断和价值选择能力，坚定中国特色社会主义理想信念。

历史可考查学生的唯物史观，通过古今中外对比，指引学生感悟中华文明的历史价值和现实意义，增强爱国主义情感，认识世界历史发展的总体趋势。

地理可通过反映人与自然、可持续发展等诸多议题，引导学生关注我国现代化建设以及全球发展中的重大地理问题，增强学生的爱国主义情感和全球化视野。

高考试题中要增加反映我国政治、经济、文化、社会、科技等领域发展进步的内容，考查学生对我国社会现状、时事政策的了解、思考和把握，考查学生对国家层面、社会层面、个人层面等价值准则的理解；要从贴近学生的现实生活中选取践行社会主义核心价值观的感人事迹，考查学生对生活和社会现象所反映的价值判断、价值选择和相关行为进行分析和评价的能力，引导学生辨析社会主义核心价值观与西方价值观之间的本质区别，使学生深刻理解并努力践行社会主义核心价值观。

另外，在文科加强考查的基础上，其他学科也要在试题中渗透社会主义核心价值观，充分发挥高考对学生的引导和教育作用。

[试题剖析]

教育部考试中心高考语文命题组专家介绍，弘扬社会主义核心价值观是 2015 年高考语文命题的重要原则。

"今年是抗日战争暨世界反法西斯战争胜利 70 周年。全国二卷传记阅读《将军赋采薇》，以中国远征军第 200 师师长戴安澜的传记材料为阅读文本，不仅适合考查考生独立思考、分析问题、解决问题的能力，也有利于弘扬爱国主义，传承民族精神，树立民族自信心和自豪感。"①

2015 年上海高考历史试卷，一个鲜明的命题指向是熔铸社会主义核心价值观，通过历史追溯引导民主、文明、和谐、法治、爱国等价值取向，凸显了当下的时代主题。例如，试卷第 32 题以《礼记·乐记》的片段为题干："乐者为同，礼者为异。同则相亲，异则相敬。乐胜则流，礼胜则离。合情饰貌者，礼乐之事也。礼义立，则贵贱等矣。乐文同，则上下和矣。"

该题的设计充分强调了"礼"和"乐"在规范社会秩序中的不同作用。以史为鉴，在大力弘扬传统文化的今天，如何将礼乐文化中的"和谐"思想与建构和谐社会的当代政治实践有机整合，从思想与实践、历史与现实两个层面深入思考礼乐文化的当下意义，显然对历史教学中有效落实学科德育目标大有裨益。

又如，试卷引用了《周恩来总理在万隆会议上的补充发言》："亚非绝大多数国家和人民自近代以来都曾经受过、并且现在仍在受着殖民主义所造成的灾难和痛苦。……从解除殖民主义痛苦和灾难中找共同基础，我们就很容易互相了解和尊重，互相同情和支持……"试题设问：这段话的主旨是什么？答案为"倡导求同存异"。

不难理解，"求同"就是寻找共同的利益和诉求，是构建和谐的基础；而"存异"则是保留不同的观点和主张，是构建和谐的条件。在全球化的今天，具有不同文明类型、社会制度和发展模式的国家，

高考语文要体现育人导向

---

① 晋浩天. 高考语文要体现育人导向[N]. 光明日报，2015-06-08（06）.

如何在和平竞争中取长补短,在求同存异中共同发展,高考历史试卷在传递"和谐文化观"中的具体事例,正是历史学科德育的绝佳素材。①

在自然学科方面,对于价值观的考查是一个难题,但近年来也有学科在命题中做出了有价值的尝试:

2014年全国卷(课标乙卷)考查"由磁产生点",重点是要求学生置身法拉第时代,思考理论产生的各种内涵。这样的试题,考查的是学生对物理问题的探索式学习能力,是检验学生探索科学研究的品质与意志。物理史的考查,在当今的高考考试内容改革层面,显示出强烈的示范作用,特别是在引导和培养学生的科学价值观方面有特殊意义。②

[四个方面之二]

◎ 依法治国:你有宪法意识和法治观念吗?

教育部明确指出教育要体现依法治国的理念,并将宪法法律纳入升学考试,帮助和引导学生树立正确的权利和义务观念,将广大青少年学生培养成为真诚信仰宪法、自觉维护宪法尊严、具有社会主义法治观念的建设者和接班人。

[解读]

◎ 宪法意识和法律观念要这么考

高考命题要围绕法治教育的目标,将教育教学中法治理念培养和

2015年上海高考历史卷评析——儒家传统"和谐文化观"的当代思考

论价值观考查与高考考试内容改革

---

① 周靖,魏丽娟. 2015年上海高考历史卷评析——儒家传统"和谐文化观"的当代思考[N]. 文汇报,2015-07-25.
② 梁勇,吴四伍,吕文利. 论价值观考查与高考考试内容改革[J]. 中国考试,2015(8):11-16, 38.

法律知识教育的内容提炼、整合出来，在相关学科的试题中灌输依法治国的理念。

政治学科可选取贴近学生生活的立法、司法、执法、守法等法律实践活动素材，结合中学教学实际和重要法律基础知识，考查学生对宪法和法律知识、我国法治建设成就、公民权利和义务等方面内容的理解，以及在现实生活中运用所掌握的法律知识，引导学生形成守法光荣、违法可耻的思想认识，树立宪法意识和法治理念，做到懂法、守法、护法，做好投身法治建设实践的积极准备。

历史学科可从历史和世界的角度出发，考查我国法律的历史发展变化，以及法律在世界各国的重要作用、意义和影响，通过对比，凸显我国社会主义法制的优越性，提升学生对我国宪法的认同感，实现对青少年热爱宪法、保护宪法、自觉遵循宪法的法治教育作用。

[试题剖析]

据专家评析，2015年的语文试卷对依法治国理念有所体现：全国一卷语用题涉及《食品安全法》，湖北卷文言文阅读谈"廉吏自古难之"的廉政话题，重庆卷语用题《家用汽车产品修理、更换、退货责任规定》等内容，引导学生对社会生活中的法律问题进行思考和感悟。[1]

例如，全国一卷作文"女儿举报父亲开车打电话"就体现了高考试题引导学生树立并践行正确法制观念的功能。又如，文综全国二卷第40题，叙述了先秦儒家学者关于亲情人伦与法律权威关系的思考及解决办法，介绍了古希腊哲学家苏格拉底为维护"法律正义"慷慨赴死的故事，反映出中西方文明早期智者对于法律的思考。试题要求

---

[1] 晋浩天. 高考语文要体现育人导向[N]. 光明日报，2015-06-08（06）.

学生对两种法制观念进行比较，并分析其产生的时代背景，充分发挥了以史为鉴的积极作用，为学生提供了正确的历史观、国家观、法律观，鼓励他们未来更好地学习、运用法律，服务国家与社会。①

[四个方面之三]

◎ 传统文化：民族自信和自豪从优秀传统文化中来

传统文化是中华民族在历史长河中凝汇在政治、哲学、经济、艺术以及生产生活中的智慧结晶，是中华文明的精髓，代表了各民族的优秀品质。培育和弘扬社会主义核心价值观必须立足于优秀的传统文化，牢固的核心价值观都有其固有的根本，博大精深的传统文化是我们在世界文化激荡中站稳脚跟的根基。

[解读]

◎ 提高人文素养多靠优秀传统文化

在高考命题中高度重视传统文化对于立德树人的独特功能。考生对中国优秀传统文化的传承发展情况，是高考的考查重点。各学科的试题都对中国优秀传统文化有所体现。

例如，语文、政治等科目可以考查学生对中华民族历史传承中的爱国主义、民族精神等人文精神的理解，考查学生运用中华优秀传统文化内容进行思考、体悟的能力。

历史可以考查学生对中华文明长期历史进程中的事实观点、思想思潮的理解和判断等。

教育部考试中心权威发布2015年高考文综试题评析

---

① 教育部考试中心权威发布2015年高考文综试题评析［OL］中国青年报·中青在线，2015-06-08.

地理可以考查学生对乡土意识、环境保护等理念的掌握。

数学和理科综合等科目也可以适当增加对中国传统文化进行考查的内容，如将四大发明、勾股定理等所代表的中国古代科技文明作为试题背景材料，体现中国传统科技文化对人类发展和社会进步的贡献。

[试题剖析]

近年来，湖北卷几乎每年都有与中国古代数学典籍相关的题目，2015年湖北卷继承和发扬了这一传统。

湖北卷·理2：我国古代数学名著《数书九章》有"米谷粒分"题：粮仓开仓收粮，有人送来米1534石，验得米内夹谷，抽样取米一把，数得254粒内夹谷28粒，则这批米内夹谷约为（　　）。

（A）134石　　（B）169石　　（C）338石　　（D）1365石

（答案：B）

该题利用比例相关知识可以轻松解决，试题中蕴含了类似分层抽样的数学思想方法，本身难度不大。但此题采用半文言半白话的方式叙述，别有一番情趣，弘扬中国传统文化的同时，也对学生的古文学用语提出了一定的要求。①

湖北卷的立体几何试题也出现了中国古代数学典籍中出现的术语：《九章算术》是我国古代内容极为丰富的数学名著，书中有如下问题：今有委米依垣内角，下周八尺，高五尺。问：积及为米几何？

这个实际问题的数学模型是圆锥的体积问题。主要注重对数学文化渗透和对课本内容的再加工，也体现了高考命题传承中华优秀传统

立足课程标准
凸显数学思想
考查核心素养

---

① 董凯. 立足课程标准 凸显数学思想 考查核心素养——2015年高考数学试卷总体评价［J］. 中国数学教育，2015，Z4:6-19.

文化的指导思想。①

当然，高考语文也加强了对中华优秀传统文化的考查力度。专家称，在全国卷的古诗文阅读中，既有分析概括、翻译、古诗词鉴赏等传统题型，又有断句、文化素养以及在具体情境中默写名篇名句等新题型。

现代文阅读也注意渗透传统文化元素，如全国二卷小说阅读材料《塾师老汪》中对"有朋自远方来"的解释，全国二卷传记阅读中戴安澜借诸葛亮、秦始皇的事迹表达壮志的两首《远征》诗等。②

[四个方面之四]

◎ 创新意识：创新是实现"中国梦"的历史要求

党的十八大报告明确，要把"创新人才培养水平明显提高"作为全面建成小康社会的重要目标。李克强总理提出"要坚持立德树人，增强学生的社会责任感、创新精神、实践能力"。拔尖创新型人才培养是实现"中国梦"的历史要求。建设创新型国家，实现中华民族伟大复兴，关键是能不能在科学技术、艺术文化上有超越他国的能力，关键是能否培养和造就世界最高水平的科学家、艺术家。

知能并重 稳定创新——2015年高考数学试题（全国新课标文理科卷Ⅰ、Ⅱ）评析与指导

[解读]

◎ 你有独立思考和创新能力吗？

高考内容改革要实现从重知识向重能力的转变。一方面，强调学科

---

① 王自勇. 知能并重 稳定创新——2015年高考数学试题（全国新课标文理科卷Ⅰ、Ⅱ）评析与指导［J］. 基础教育课程，2015，21:32-36.
② 晋浩天. 高考语文要体现育人导向［N］. 光明日报，2015-06-08（06）.

基础知识的考查，突出学科的核心内容和主干知识；另一方面，尽力避免死记硬背的试题，避免偏题、怪题，更注重考查考生发现问题、分析问题和解决问题的能力。

在命题过程中，各学科将联系实际，深入探索考试的内容、形式、方法和手段的创新，引导学生独立思考和创新实践，考查学生的创新意识和创新素养，发挥高考在创新人才培养和选拔中的积极作用。创新能力考查在理科试题中要更充分地体现出来。试题可以以社会关注的问题、与生活实践联系紧密的学科前沿问题为背景和切入点，如核能的利用及存在的风险、电池技术的改进和瓶颈、转基因的利与弊、化学与食品安全等，通过设计考查创新能力的试题，引导学生热爱科学、勇于探究、追求真理、积极实践，关注科学与社会的关系，思考科学进步如何造福人类。

文科试题也要考查创新能力，可以要求学生根据具体问题，独立思考、自主判断，能够将不同形式的试题材料转化为有效信息，进行分析、比较和评价，并且多角度综合运用相关学科原理和方法探究问题，辨析不同观点，符合逻辑、规范地进行表达和阐释，或者能够找到新发现、得出新规律、提出新结论。

[试题剖析]

教育部考试中心命题专家指出，2015年文综试题鼓励学生从多个角度分析问题，养成独立思考的学习习惯，呵护学生的个性思考与表达。例如，全国二卷第41题作为开放性试题，以新中国成立以来我国节假日的变化为切入点，要求学生根据已有信息分析变化趋势并说明原因。这首先需要学生自己发现问题，并寻找适切的角度，充分调动已有知识进行阐释与论证，寻找解决问题的路径。开放性试题的设问没有标准答案，采用梯度式评价标准与赋分原则，重在考查学生阐释论证的逻辑思维能力与全面认识历史问题的能力。①

专家表示，在高考命题中凸显创新能力，不仅符合高校人才选拔的核心要求，也是语文时代性、工具性的重要体现。全国二卷作文中以施一公教授为原型的科学家大李、全国一卷传记阅读中朱东润在传记文学创作上不愿"穿新鞋走老路"、湖南卷屈原《离骚》和《九章算术》"割圆术"的教益和启示等，有助于引导考生的批判性思维和创造性思考。②

坚持以立德树人为核心 深化高考考试内容改革

---

① 教育部考试中心权威发布2015年高考文综试题评析［OL］中国青年报·中青在线，2015-06-08.
② 晋浩天. 高考语文要体现育人导向［N］. 光明日报，2015-06-08（06）.

第十三问　新一轮高考改革，中学将迎来哪些变化？

——三大变化必须关注

按照国家新一轮高考改革方案，除语文、数学、外语这三门必考科目外，学生可自主选考物理、化学、生物、历史、地理、政治等其他课程。在这种政策背景下，中学的教学组织、学生的学习状态乃至校园文化都将发生深刻变化。

那么，在这种情况下，未来的高中学习将会呈现怎样的趋势？学校领导层又该做出怎样的决策呢？

[政策解读]

◎ 变化一："走班教学模式"将取代"固定班级授课模式"

新中国成立至今，每次高考改革都给中学教学带来改变。但无论怎么变，有一点几十年来始终雷打不动，那就是中学每个班级一定有自己固定的教室，中学教学的基本状态是"学生不动老师动"——学生在固定的教室里学习，教师则穿行于不同的教室（班级）进行授课。

但是，新一轮高考改革之后，这种状况完全倒过来了：学生在很大程度上不再有固定的教室，变成了"老师不动学生动"——老师在固定的教室授课，学生则奔走于不同的教室去听课。本轮高考改革之后，"班级""同学""班主任"等这些我们无比熟悉的概念也将发生巨大变化。传统意义上的"班级"很大程度上会淡化甚至不存在了，因为学生是流动、不固定的。

几乎可以肯定的是，当传统意义上的"班级"已不复存在，"班主任"这个名义即便仍然保留，其真实含义和具体职责也将发生巨

选择性是走班制的核心

大变化。如果说以往的"班主任"更像一个事无巨细统包统揽的"保姆",那么今后高中"班主任"这一角色可能会更接近大学里的"辅导员"。

◎ 变化二:"分层教学"将成为中学教学的"新常态"

在大多数高中,英语这个科目很可能会分成"快班"和"慢班",实行分层教学。原因是新高考规定英语实行多次考试,考生在高二即可报考。那么,极有可能一部分学生会在高二就将英语"拿下",以便在高三集中全力冲刺其他课程。这部分学生必然要求在高一和高二时大大加强英语学习力度,"英语快班"将应运而生。

与此同时,另一部分学生则倾向于充分利用高中三年时间积聚实力,到了高三时再一鼓作气考英语。这些学生会要求按正常教学进度学习,那么学校就必须设"英语慢班"。当然,这里所说的"慢班"其实并不"慢",只是相对于前面的"快班"而言。

另一方面,学生一旦进入高中,其本人和家长必然会尽快对其三年后将要选考的高考科目做出规划。在物理、化学、生物、历史、地理、政治、技术(含通用技术和信息技术)这7个科目中,同一个科目,有的学生只将其作为学业水平考试科目,有的学生则会将其选定为高考选考科目。学业水平考试属于标准参照性考试,达到高中毕业标准即可;选考属于选拔性考试,将在高考中面临激烈竞争。因此,虽然是同一个科目,作为学考还是作为选考,二者的要求和难度差距极大。在这种情况下,中学很可能在高中一年级就不得不将这7个科目的每个科目都分成"选考班"(快班)和"学考班"(慢班),实行分层教学。这样一来,中学的教学管理和组织将面临许多需要研究解决的新问题。作为中学校长,首先面临的一个现实问题就是必须设法提供足够多的教室,而且由于每个科目、快班慢班的人数并不相等,所以这些教室还应分成大、中、小等不同的规格,才能满足教学需求。

"一生一课表":咋教,咋管,咋评价

◎ 变化三：不同学科的"重要性"将进一步显著分化

按照新一轮高考改革方案，语文、数学、英语是每个学生必须报考的必考科目，而且分值进一步提高，在录取中所占权重进一步加大。因此，这三个科目在未来的中学教学中将成为绝对核心，中学的课时安排、师资配备、教学资源都将进一步向这三个科目倾斜。

与此相对，其他科目则会在客观上受到一定影响，物理、化学、生物、历史、地理、政治这6门课会发生分化，有的科目（如物理）由于未来就业形势更加乐观，在高考招生中专业口径更宽，将其作为选考课的学生会"门庭若市"，在中学教学中的地位和重要性将显著提升；有的科目（如政治）则可能只有少数学生选学。作为校长，对这种可能发生的状况应有预判和预案，未雨绸缪，从现在起就着手考虑对教师队伍和教学资源进行重新布局。

[案例]

北京十一学校的分层走班教学打破了传统的行政班级的课堂教学模式，走在全国的前列。所谓"分层"，就是将课程内容按教学深度和广度分为不同的层次，为每个学生提供个性化的选择。北京十一学校在初中阶段将数学分为数1~数4，数字越大，学的内容越深。在高中阶段还有数5，向上延伸到微积分、线性代数等大学先修课程。物理、化学与数学类似。语文、英语分为A和B，同时提供较多补弱和扩展的课程。

北京十一学校的学生在初一入学时，就没有行政班和班主任，一个导师带18个学生，这18个学生也分散在不同的教学班上课。教学班人数一般不超过24人，是小班教学。半年过后，学生的情况有了变化，经水平测试和导师推荐，经学生和家长同意后，数学实力较强的学生升到数4，每周5课时。

在分层走班教学中,课程的教材非常重要,北京十一学校的教材都是整合设计后自编的,除了课本,还有配套的专题读本、标准细目和自我诊断。在老师的指导下,再配合定制的教材,学生的自学能力提升很快。

有家长担心,我们家孩子如果在分层中失利,没有进入数4,是不是就被落下了?其实,北京十一学校数1的难度和深度都足以应付高考。

"分层"之后,就是"选课"了。选课是建立在规则之上的个性化选择。例如,数4的选择是有门槛的,一般课程都不能越级。但有同学德语基础很好,经过测试和导师认可,可以选择高年级的课程。这些规则在课程手册上都有详述。除主课之外,技术、艺术、体育与健康的选择更轻松一些,基本看个人兴趣。最后,学生登录校园平台,定制自己的课程表。

在选课的那天,学生和家长常会有这样的对话场景:

"体育我想选羽毛球和篮球!"

"选,支持你,不用给你报班了,既省钱又省时间,干吗不?"

"我想选机器人!"

"那当然,又动手又学编程。"

"我不想选历史。"

"啊?这能行吗?"

"导师说可以,我明年再选历史也可以。"

"那好吧。"

"我选德语了。"

"孩子,我听说法语更好听……"

"会有人和你的课程表一样吗?"

"应该不会,不然那简直太有缘了……"

北京十一学校共有学生4174人,每人一张课程表,就有4174张独一无二的课程表。走班选课后，学校共有 1430 个教学班，每个班人数不超过 24 人。学校通过对国家课程的校本化，共开发了 265 门学科课程，同时还开发了分层、分类、综合、特需等不同类别的校本教材 400 多种。

与传统教学方式相比，分层、选课的特点之一就是"个性化定制"，从而更好地因材施教。另一个特点就是"高效率"。据说课程一词源于拉丁语，原意是"跑道"。北京十一学校开设不同的课程，就是为了给学生开辟成长所需要的不同"跑道"。如果你跑得快，那有一条"快速跑道"为你准备，不让你在慢跑道上耽误时间。

第十四问　全国高考为什么要增加统一命题省份？

——适应新一轮高考改革的必然要求

2014年9月，国务院出台了《关于深化考试招生制度改革实施意见》，文件中明确了从2015年开始要逐步增加使用全国统一命题高考试卷的省份。在2016年两会期间，教育部部长袁贵仁就"教育改革和发展"的相关问题回答了中外记者的提问。他提到，"到今年（2016年），原来16个省命题的自动申请退出了11家，还剩5家，就是北京、上海、天津、江苏、浙江。也就是说，明年将会有6个命题中心，一个是国家的，还有这5个省（或直辖市）。这11个省的命题，也来用国家命题中心的题，就是从原来的'1+16'变成了'1+5'，减少了11家。"除北京、上海、天津、江苏、浙江五个省市外，其余省份在2016年都将实现全国统一命题。

为什么全国高考要增加统一命题省份？增加统一命题省份的影响在哪里？目前，全国高考用卷情况如何？

[政策原文]

深化高考考试内容改革。依据高校人才选拔要求和国家课程标准，科学设计命题内容，增强基础性、综合性，着重考查学生独立思考和运用所学知识分析问题、解决问题的能力。改进评分方式，加强评卷管理，完善成绩报告。加强国家教育考试机构、国家题库和外语能力测评体系建设。2015年起增加使用全国统一命题试卷的省份。

——国务院《关于深化考试招生制度改革的实施意见》

[**权威解读**]

教育部部长袁贵仁：26个省份的命题都选择国家统一命题，高考统一命题不等于全国一张卷。

新中国成立之后，我们曾经有过一段时间全国一张试卷的情况，但是这个情况从十几年前进行了改变。为什么要改变？当时主要是分省分阶段实施新的《普通高中课程改革方案》，全国不是同时实行，而是先在几个省实行高中课程改革，然后逐步扩大改革范围，这是一个情况。另外一个情况是，由于十多年前我们推进基础教育（包括普通高中）改革，现在还不同程度地在进展之中，因此为了适应各地普通高中课改和教改的需要，当然也为了防止全国一张卷子的安全风险，一张卷子一旦被泄密之后，那整个考试，每年上千万的考生都得重考，这个风险压力是很大的。因此，从2004年开始，16个省份先后进行分省命题试点。那么还有15个省份谁命题呢？答案是"国家考试中心"。它命的题也不是一张卷子，而是四套卷子。这就说明，我们每年的高考约有二十套卷子。

分省命题成本比较高，大家知道，要命一套考试卷，还要命一套备案。教育行政部门要组织一批专家，全封闭地花几个月命题，在没考完这张卷子之前命题专家是不能回家的，这个人力物力成本太高。另外，还包括安全保密、印刷、储存等环节。所以，2014年国务院在深化考试制度改革的时候，明确提出从2015年起增加使用全国统一命题试卷的省份。

那么，高考命题将来的趋势是什么？这5家是不是会再减少，或者再扩大？这个现在没有去讨论，我个人认为，可能会维持一段时间，最后由实践的效果来证明是再减好，还是"1+5"比较好。

现在除了5家之外，还有26个省份的命题都选择国家统一命题，刚才说是不是一张卷子？答案是"不是一张卷子"。为什么？因为我们现在各省使用的高中教材就不是一套。另外，各省高中课程的改革、教学模式的改革也不尽一致。因此，题目是由国家命题中心统一命制的，但是它会遵照全国的课程标准和各省教育教学的实际情况，也可能有5个省选一份卷子，也可能有10个省选一份卷子。也就是说，除了这5个省之外，他们选用的都是由国家统一命制的题目，但是不是一份卷子，原因就是刚才我说的，各省使用的教材、各省改革的进展不同。那么将来会不会过渡到一个命题中心，使用一份卷子呢？我认为这个将来要由实践来提供答案。

◎ 恢复"全国一张卷"并不是简单的回归，而是适应新一轮高考改革的必然要求

不少专家认为，现在恢复"全国一张卷"正当时。也有专家表示，"全国一张卷"有利于更好地落实高校自主招生和异地高考政策。21世纪教育研究院院长杨东平等专家认为，高考这样的大规模考试应遵循简单易行、科学高效的原则，而且全国统一命题也是解决流动人口子女在流入地参加高考的前提和基本措施。还有专家认为，"全国一张卷"将为后续很多改革奠定基础，如异地高考问题以及打破分省录取、打破录取批次、实现一档多投等。

[试卷分析] 全国卷有何特点？

◎ 语文：着重考查阅读理解，偏向考验考生的思辨性

在语文考试上，文言文断句题、古代文化常识题、名篇名句语境补写题、古代诗歌比较鉴赏题、实用类文本关联探究题、图文转换题、事件类材料写作题（含时事类材料、故事类材料、应用文）等7类新题型，应值得考生高度关注。

语文全国卷在字音字形上考的比重较少，着重考查阅读理解。在题型上全国卷更重视考查语言表达能力，语境更贴近生活，经常出现

仿句、图文转化、作文等题型。例如，给一段留有空白的文字，让考生补充完整，或者给考生一些标识图、图标、漫画，让考生用文字表述，等等。同时，全国卷的作文更偏向考验考生的思辨性。

孩子的这些能力需要培养：

——**掌握传统文化的能力**：这种考题能够反映考生文化积累的差异，建议在平常的教育中重视传统文化的培养，教育孩子多多接触传统文化，平常多积累，多记忆。

——**数据、图表阅读的能力**：要紧跟新的互联网发展趋势，注重培养孩子阅读数据的能力，教会孩子不仅会读文字材料，还能够学会分析数据、图表。

——**说理辨析能力**：在语文教学中不仅要重视学生基础知识的掌握，还要注重培养学生的说理辨析能力，以增强学生作文的逻辑性和学习的思辨性。

◎ **数学：不仅考查学生基本知识，更考查学生的基本思想和基本体验**

数学全国卷强调"能力立意"，文、理科学生均以知识为载体，以思维能力为核心，全面考查其推理论证、运算、空间想象、数据处理以及应用和创新能力。全国卷的题目更侧重于创新，有情景创新、情境多样、思维灵活的特点，不仅考查学生的基本知识、基本技能，更考查学生的基本思想和基本体验活动，这就要求老师要尽快改变自己的教学习惯，提高学生的随机应变能力。

孩子的这些能力需要培养：

——**探究能力**：注重培养孩子逻辑思维的系统性，鼓励孩子多思考、多创新，在实践中探究学习、发散思维。

——**实践应用能力**：注重培养孩子多关注现实生活，发现生活中的问题，并学着运用课堂上学到的知识来分析、解决。

——**掌握数学传统文化能力**：数学老师在教学中可以适当穿插介绍

我国优秀的古代数学，从而引导考生通过了解数学文化，体会数学知识方法在认识现实世界中的重要作用。

◎ **英语：注重英语阅读理解和基础知识的运用，客观题比例较大**

全国卷的题型为听力、阅读、完形填空、语法填空、短文改错和作文。取消了很多省份会有的单项选择。考题更注重英语阅读理解和基础知识的运用，客观题比例较大。对学生而言，最大的难度还是适应全国卷的题型，学生既要注重基本词汇和语法知识的掌握，还要注重对英语的实际运用能力，多浏览英语广告、多看英文杂志，都大有裨益。

孩子的这些能力需要培养：

——表达能力：传统的教育方式并不适用于英语教学，老师们不仅需要教会孩子单词、语法，还要多给孩子表达锻炼的机会，鼓励孩子在实践中练习英语。

——学以致用的能力：2015年全国若干套试卷中的完形填空都选取了夹叙夹议的英语文章，学生们在积累了一定词汇量的基础上可以尝试阅读简单的英语书籍，或看英语新闻等节目，在实际运用中丰富和掌握英语知识。

◎ **文综：从多个角度分析问题，养成独立思考的学习习惯**

2015年全国卷文综的试题中加入了很多涉及时事政策的内容，涉及党和国家提出和大力推进的"一带一路"、从"制造大国"迈向"制造强国"等战略。试题展现了我国制造业的水平和综合实力，彰显民族自豪感，注重考查学生解决具体任务过程中自然流露的价值取向，体现培育社会主义核心价值观的要求。不仅如此，文综试题鼓励学生从多个角度分析问题，养成独立思考的学习习惯，呵护学生的个性思考与表达。学生需要自己发现问题，并寻找适切的角度，充分调动已有知识进行阐释与论证，寻找解决问题的路径。

孩子的这些能力需要培养：

—掌握时事政策的能力：不能将教育仅仅局限于书本，应在教育中注重对孩子价值观的培养，可以培养孩子养成多看新闻、多看报纸的习惯，提高他们对时事政策的掌握能力。

—个性思考与表达的能力：老师要多鼓励学生个性思考的表达，不要将所有问题都规定标准答案，家长也不要局限孩子想象的翅膀，这有利于培养孩子独立思考、分析和解决问题的高阶能力。

◎ **理综：在如何更好地考查学生的实验能力和创新意识方面作了新尝试**

2015年全国卷理综试题提供的信息来源丰富，这就要求考生通过"现场独立自学"的方式，从中概括抽象出新的知识或发现数据之间的关系，同时与学过的知识相组合，形成较全面的网络化知识体系，并将这些知识体系进一步应用到新的知识情境中，从而解决问题。这种试题将对学生自主学习和独立思考能力的培养和考查发挥非常重要的作用。而且在如何更好地考查学生的实验能力和创新意识方面进行了新的尝试。一些题目具有较大的开放性，考生只有在平时动手做实验的基础上进行独立思考，才能得到正确的结果。

孩子的这些能力需要培养：

—迅速提取、加工信息的能力：当今信息社会下，对信息提取、加工的能力十分重视，老师在教学中也应注重多加考查、锻炼学生，提升学生从不同呈现方式中提取有用信息、加工信息，并利用信息进行思考或推理的能力。

—创新能力：老师要重视学生创新能力的持续培养，引导学生关注科学事实，重视实验现象，自觉培养开放的思想方法和创新的思维方式，而不是囿于实验结果。

第五章
如何挤掉高考加分的水分

新一轮高考改革，高考加分"瘦身"成为促进高招公平的突破口。明宇今年参加高考，对于高考加分的政策，他非常关注。他听说高考加分的政策做了很多减法，但是他不知道高考加分为何要"瘦身"？留下的加分项有哪些？自己的特长能否在高考中体现？高考加分政策的实施如何管理和监督？如何确保高考加分公平公正？

第十五问　高考加分为何要"瘦身"?

——育人导向，促进公平公正

高考加分政策被人诟病，有一部分原因是，公众担心加分政策存在暗箱操作的可能。而每年也都有相关案例曝光。2009 年高考，重庆被曝出 31 名考生伪造少数民族成分以谋求加分；2010 年，四川中学生游泳锦标赛被疑"加分卖奖"；2012 年，四川绵阳高价买卖国家二级运动员证；2013 年，清华大学四川招生组微博明确表示，"不认"四川省高考体育加分，获得加分的考生在开学后都需进行资格复审。

被曝光的种种加分黑幕，都裹挟着钱权交易的因素，如果不挤掉高考加分的水分，难免会降低公众对高考公平公正的期待。针对社会关注度高、问题较为突出的高考加分政策执行情况，经过广泛调查研究、多方征求意见和充分论证，教育部等部门颁布了《关于进一步减少和规范高考加分项目和分值的意见》。

关于进一步减少和规范高考加分项目和分值的意见

[政策原文]

减少和规范高考加分工作要全面贯彻党的教育方针，促进素质教育实施，科学合理地体现考生的相关特长、突出事迹、优秀表现等，引导每一个学生全面而有个性地发展，纠正少数人片面追求高考加分的倾向。要突出问题导向，着力解决当前群众反映最强烈、矛盾最集中的体育、艺术等特长加分和地方性加分问题。要促进公平公正，严格制定加分项目设立程序，加强考生加分资格审核公示，加强监督管理，严厉打击加分资格造假。要体现积极稳妥，从紧从严，有序衔接，平稳推进，确保实现大幅减少、严格控制、规范管理、公平公正的目标任务。

[权威解读]

湖南省教育厅学生处处长熊俊钧： 近年来，一些为了加分弄虚作假、违法违纪的事件时有发生，严重扰乱了招生录取工作流程，损害了考试招生公平公正，群众反映十分强烈。《关于进一步减少和规范高考加分项目和分值的意见》对加分政策进行大幅调整和严格规范，既是正面回应了社会关切，解决了群众最关心的教育热点问题，也是贯彻落实《教育规划纲要》和国务院文件精神的重要举措，进一步从源头上铲除导致教育不公的因素。

教育部高校学生司相关负责人： 落实《关于进一步减少和规范高考加分项目和分值的意见》，减少和规范高考加分工作主要有四个方面考虑：

一是坚持正确的育人导向，全面贯彻党的教育方针，促进素质教育实施，科学合理地体现考生的相关特殊、突出事迹、优秀表现等，引导每一个学生全面而有个性地发展，纠正少数人片面追求高考加分的倾向。

二是突出问题导向，着力解决当前群众反映最强烈、矛盾最集中的体育、艺术等特长加分和地方性加分问题。

三是促进公平公正，严格制定加分项目设立程序，加强考生加分资格审核公示，加强监督管理，严厉打击加分资格造假。

四是体现积极稳妥，从紧从严，有序衔接，平稳推进，确保实现大幅减少、严格控制、规范管理、公平公正的目标任务。

四川省教育考试院院长戴作安： 提及公平，社会上取消加分的呼声就上涨；提及正向引导，舆论又会强调素质教育。在这两者之间找到平衡点，某种意义上又要求科学与公平的结合。若地方性高考加分政策已经不能很好地达到制定政策的初衷，我们就必须抓住问题的关键、抓准问题的导向，从制度层面固化和规范地方性高考加分项目。

[案例]

2016年3月5日，国务院副总理刘延东在河北代表团全团会议上表示，2017年将取消现有高考中四分之三左右的加分项目，只保留少数民族、烈士子女等少量加分项目。

作为一项公共政策，高考加分触动了许多人关于切身利益的敏感神经。除了国家规定的几项加分政策，各个省也有自己的加分政策。减少高考加分项目，只保留少量加分政策的初衷，在于更好地守卫机会公平，拨亮教育这盏希望之灯，让高考这一人才选拔机制更好地发挥促进社会流动、提升公平正义的核心功能。然而，在现有的高考加分政策中，除了"弱势补偿"的项目以外，还有一些激励性项目，如地方性体育、艺术、科技、三好学生、优秀学生干部等加分，以及备受争议的中学生奥林匹克竞赛加分。这些加分政策尽管有一定的制度善意，却在执行中凸显出重重弊端，严重影响了教育公平。

例如，据《京华时报》报道，2014年，辽宁省本溪中学共获得87个体育加分名额，其中来自该校"奥甲班"的学生有22名。据《法制晚报》报道，2011年，鄂尔多斯高考状元体育造假加分。2010年，河南焦作一中5名北大录取学生中，有4名都是体育加分生。

2014年10月23日至11月3日，21世纪教育研究院与腾讯教育联合进行了关于高考加分政策的意见调查，共计9791名网友参与调查。调查结果如下图所示。

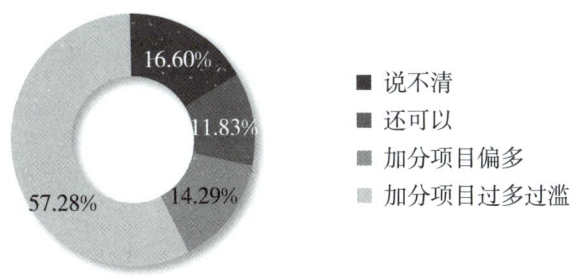

对高考加分政策的评价

总体而言，认为应该减少加分的受访者超过半数，占61.12%，其中认为应"大幅度减少加分项目"的占43.76%；而认为应该"维持现状"的仅占3.66%。具体到不同价值取向的加分项目来看，对于奖励性加分项目，受访者中认为应该"取消"的最多，占47.78%；对于照顾性加分项目，受访者认为应该"保留但应做调整"的最多，占48.90%。可见，规范高考加分政策，大幅度减少加分项目，是符合民意、促进教育公平的重大举措。

对于2014年高考加分的实施情况，受访者中认为高考加分"存在舞弊现象"及"弄虚作假比较严重"的占83.62%，其中辽宁受访者持此观点的所占比例最高，为92.24%。受访者中认为应该"严格规范实施过程"和"严肃惩处舞弊行为"的均超过四成，分别占45.97%和43.52%。

此次调查中，受访者对于高考加分政策制定主体的态度呈一边倒趋势，其中85.69%认为高考加分政策应改变政出多门，由教育部统一制定。其中，辽宁（占92.04%）和海南（占90.00%）对此观点持支持态度者更多。

这说明，规范高考加分项目已成为社会公众的共同呼声。

第十六问　高考加分"留"什么、"减"什么？

——保留和完善 5 项全国性加分项目，取消鼓励性加分

明宇在高中阶段品学兼优，2014 年获得了省级优秀学生称号，高考加分新政出来后，他有些担心，自己获得的优秀学生称号是否还能加分？他迫不及待地想知道，保留的加分项目还有哪些？

[政策原文]

为进一步促进教育公平、提高人才选拔水平，在对 31 个省份进行调研、广泛听取社会各界意见的基础上，教育部、国家民委、公安部、国家体育总局、中国科学技术协会于 2014 年 12 月 17 日联合出台《关于进一步减少和规范高考加分项目和分值的意见》，对高考加分进行大幅"瘦身"，加强规范管理，严厉打击加分资格造假。

1. 取消部分全国性加分项目

2015 年 1 月 1 日起，取消以下高考加分项目，此后获得相关奖项、名次、称号的考生均不再具备高考加分资格。考生的相关特长、突出事迹、优秀表现等情况记入学生综合素质档案或考生档案，供高校录取时参考。

（1）取消体育特长生加分项目。
（2）取消中学生学科奥林匹克竞赛加分项目。
（3）取消科技类竞赛加分项目。
（4）取消省级优秀学生加分项目。
（5）取消思想政治品德有突出事迹加分项目。

2015 年 1 月 1 日之前在高级中等教育阶段已取得上述项目有关奖项、名次、称号的考生，是否具有加分资格由生源所在地省级高校

招生委员会研究决定。确有必要保留的按本省（区、市）原有规定执行，加分分值不超过 5 分，有关省份要加强资格认定和严格管理，体育部门要重新对二级运动员资质进行复核复测，教育部门要按相关标准进行严格测试。

2. 保留和完善部分全国性加分项目

根据相关法律行政法规规定，保留"烈士子女""边疆、山区、牧区、少数民族聚居地区少数民族考生""归侨、华侨子女、归侨子女和台湾省籍考生""自主就业退役士兵""在服役期间荣立二等功（含）以上或被大军区（含）以上单位授予荣誉称号的退役军人"加分项目。各省（区、市）要不断改进和完善相关政策，不得擅自扩大全国性加分项目适用范围。

3. 大幅减少地方性加分项目

2015 年 1 月 1 日起，取消地方性体育、艺术、科技、三好学生、优秀学生干部等加分项目，相关政策按照上述取消部分全国性加分项目的规定执行。各省（区、市）要进一步大幅减少其他地方性高考加分项目。

4. 规范和完善确有必要保留的地方性加分项目

根据《国务院关于深化考试招生制度改革的实施意见》（国发〔2014〕35 号）要求，确有必要保留的地方性加分项目，应合理设置加分分值，由省级人民政府确定并报教育部备案，原则上只适用于本省（区、市）所属高校在本省（区、市）招生。有关地方要探索完善边疆民族特困地区加分政策，具体办法由省级人民政府根据实际确定并报教育部备案。

[权威解读]

河北省教育考试院普招处处长吴迟迟：我国从 20 世纪 50 年代起

就实行考试加分政策。加分主要有两类，一类是鼓励类加分，目的是为了促进学生全面发展、个性发展；一类是扶持类加分，是对少数民族、烈士子女等特殊群体予以扶持。目前，全国性加分项目共 11 项，各省的地方性加分项目加起来有 95 项。

近年来一些地方存在加分资格造假等问题，严重影响了高招公平公正。按照"大幅减少、严格控制"的总体要求，这次改革对高考加分项目采取了"减项目，降分值"的措施。

就全国加分项目而言，文件规定取消部分全国性鼓励类加分项目，占现行全国性加分项目的 54.55%。文件突出问题导向，积极回应了社会关切，着力解决了当前群众反映最强烈、矛盾最集中的体育、艺术等特长加分问题，使人民群众增加了对国家统一考试的信任，维护了社会公平、正义。

把决定权交给省（区、市），充分考虑了我国各地经济发展不平衡等区域差异，体现了因地制宜，平稳过渡。国家要求各省（区、市）可以根据省情，在充分听取各方面意见、确保稳妥的基础上，决定是否过渡。对确实需要过渡的省（区、市），国家也对相应加分项目的分值限制和相关管理进行规定，以确保加分资格真实可信。一是不得突破现行加分规定新增项目。二是对加分分值的上限定为不超过 5 分。三是对过渡期间加强资格认定和严格管理提出要求，明确了相关部门的责任。体育部门要重新对二级运动员资质进行复核复测，教育部门要按相关标准进行严格测试。四是严格制定加分项目设立程序。各省制定本地调整规范加分政策的实施方案，报经省级人民政府审议，然后报教育部备案后向社会公布实施。

教育部高校学生司相关负责人：大幅减少地方性加分项目是这次改革的重点。一是从 2015 年 1 月 1 日起，取消地方性体育、艺术、科技、三好学生、优秀学生干部等加分项目，相关政策按照上述取消部分全国性加分项目的规定执行。二是各省（区、市）要进一步大幅减少其他地方性高考加分项目。三是原来没有的加分项目，各省（区、市）不得新增。

四川省教育考试院院长戴作安： 地方性加分政策调整，必须充分考虑考生利益，考虑社会心理的接受程度，兼顾区域差异，平稳有序地推进。对取消的体育、艺术、科技、三好学生等项目，实行"老人老办法，新人新办法"，对已获得和未获得相关资格的考生区别对待。

2015年以前取得加分资格的考生，是否具有加分资格由本省高校招生委员会研究决定。确有必要保留的按原有规定执行，加分分值不超过5分。对2015年及以后取得有关奖励、名次、称号的考生，不再享受加分照顾。对其他地方性加分项目，可在从严从紧、大幅减少的前提下，保留个别项目并鼓励逐步全部取消。

［图解高考加分］

高考加分大瘦身
教育公平更丰满

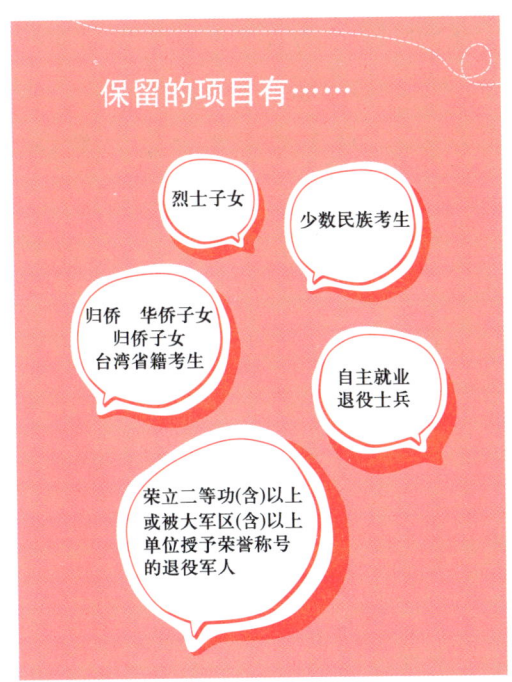

[域外视角]

◎ 美国学生"高考"靠什么加分？①

严格说起来，美国没有高考，所谓的"高考"其实是定期的标准化考试，每年有 7 次。学生可以随时参加考试，没有次数限制，甚至可以每次都考，然后用自己最高的一次分数去申请大学。由于美国学术能力测验（Scholastic Aptitude Test, SAT）成绩两年内有效，许多高中生上高三时就开始考 SAT，一直考到自己不愿考为止。所以说，美国的高考招生不像中国的"一考定终身"，美国高中生心理压力相对中国的高中生来说也小得多。

而且，考分高并不一定能上名校，名校更注重的是综合素质的选

---

① 高娓娓. 美国学生"高考"靠什么加分［N］. 湖南工人报，2014-06-18（07）.

拔。另外，美国的大学挑选学生的时候，也会有一些"偏心"，对于一些特殊的学生，会有一些"加分"政策。不过，美国的高校自己掌握"加分"等权力，各高校可以根据自身需求而开辟一些优秀特长生专用通道。

首先，对于一些在体育方面有特长的学生，大学会优先考虑。除此之外，大学在考量学生的时候，还会看重平时的表现。在美国中学，学生们平时作业计分，做实验计分，课堂讨论计分，有的教师甚至连学生是否出勤都计分。平时成绩日积月累，到了高校招生时，很多学校就用这个成绩来衡量学生的学习态度。

美国中学生课外活动分成体育活动、文娱活动、科技活动、校内活动、校外活动、个人兴趣爱好……大学录取时，还会考查学生是否有特别的地方，有无完成中学规定的公益活动（内容由学生自定）实践，有无打零工经历，以及有无被社会认可的经历。

美国许多大学在招收学生时，不仅要看学生的成绩和专长，而且要看学生是否参加公益活动、做义工（社区服务）的情况。例如，有的学生每年暑假都到非洲或南美洲一些不发达国家去为穷人盖房子，最终获得加分，进入名校。

在美国，中学生的义工活动多种多样，他们可以去敬老院为老人读书，到图书馆管理书籍，或在红十字会为献血者服务。另外，做义工在美国是很平常的事情，不管是家长还是学校，都非常鼓励孩子做义工。但是，这并不能成为一个加分的筹码。如果做了，会得到表扬，也许会因此而取得升学加分，也许不会。所以，并不会有学生为了加分而专门去做义工。

第十七问　高考加分政策的实施如何监管？

——必须在"严"字上下功夫

通过阅读政策原文和权威解读，明宇了解了高考加分的"减法"，明确了全国加分的保留项目与他没有关系，也与他的大多数同学没有关系。而以往，"省级优秀学生"、奥赛成绩、体育特长可能让本来卷面分数差不多的两个同学考上的学校差别很大。大家都回归"裸考"让明宇松了一口气。但是他有一点仍不确定：政策制定得很好，如何监管，确保落实到位？如果只有政策，但监管不力，岂不是白忙活一场？

高考加分制度受到质疑和诟病，一方面有制度本身有待完善、加分项目设计不尽合理的原因，更多的是缘于执行过程不规范、管理不到位而产生的问题。舞弊造假、钱权交易、滋生腐败并非高考加分制度本身所致。高考加分政策的实施如何管理和监督呢？

[政策原文]

1. 加强加分考生资格审核

各省（区、市）要按照"谁主管、谁审核、谁负责"的原则，建立健全考生加分资格审核工作责任制，明确各有关部门主体责任、工作流程、审核规则和违规处理办法，确保职责明确、办法清晰，便于考生和社会监督。

2. 加强加分考生资格信息公示

各省（区、市）要进一步规范和细化信息公示的内容、办法、程序、时间安排等相关要求。公示信息须包括考生姓名、性别、所在中学、加分项目、相关佐证材料，以及审核单位、审核人员名单（包括评委、裁判）等。各省级招生考试机构、基层教育行政部门及中学要严格按照要求详实、准确、及时公示考生资格。各省级教育行政部门要开展加分考生资格信息公示专项检查。

3. 完善违纪举报和申诉受理机制

各省（区、市）要进一步完善网络、电话、信函等多位一体的举报申诉工作平台，畅通违纪举报和申诉受理渠道，依照工作职责建立健全工作机制，及时受理加分造假举报和考生信访申诉案件，并按照国家有关规定及时调查处理，回应考生和社会关切。

4. 严肃处理资格造假考生

对弄虚作假、骗取相关加分资格的考生，一经查实，将依法依规取消其当年参加高考报名、考试或录取的资格，可同时给予暂停参加各种国家教育考试 1 至 3 年的处理，考生的违规事实记入国家教育考试诚信档案。各省级招生考试机构要提前向考生和社会告知相关处理办法。

5. 依法健全责任追究制度

各省（区、市）要完善高考加分资格审核工作责任追究制度，实行倒查追责。一经查实，对违规违纪责任人和相关责任人依法依规严肃处理。构成犯罪的，移送司法机关，依法追究刑事责任。

[权威解读]

山东省教育厅副厅长宋承祥：目前，高考加分经常被社会诟病的主要原因更多地不在于政策规定本身，而在于程序不规范、不透明，造成高考加分资格造假的存在，严重影响了高考的公平公正。此次，文件特别强调了从五个方面强化管理，即强化考生资格审核、加强信息公开、完善违规举报和申诉受理机制、严肃查处资格造假、依法健全责任制及制度。这就从制度上保障了执行过程中的严格与规范，从而杜绝各类高考加分造假现象的发生。

四川省教育考试院院长戴作安：对保留下来的地方性高考加分项目，必须在"严"字上下功夫，做到"数量严控、审批严格、监督到位"。一是保留的项目，应当经过充分论证，同时合理设置加分分值。二是保留的项目应由省级人民政府确定并报教育部备案。三是保留的地方性加分项目原则上只能适用于本省（区、市）高校在本省（区、市）招生。四是切实加强监督管理。加分资格造假严重影响高考的公平公正，也是加分政策被社会诟病的重要原因。必须进一步加强加分考生资格审核和信息公示，完善违纪举报和申诉受理机制，严肃处理资格造假考生，严格责任追究制度，实行倒查追责。让高考加分透明，对高考加分腐败零容忍，还高考加分一片净土。

[案例]

截至 2015 年 6 月 18 日，即 2015 年高考结束约 10 天后，共计 19 个省（区、市）公布了完整的加分考生名单。

《2015年全国普通高等学校招生工作规定》明确，公示的考生资格信息应包括姓名、性别、所在高级中等教育学校（或单位）、享受照顾政策类别、资格条件、测试项目、测试成绩、合格标准、拟录高校及专业和录取优惠分值等。

按照这个说法，除了体育特长生外，加分考生资格信息需要公示的项目至少有姓名、性别、学校、加分类别、资格条件等 5 项。宁夏等公布了考生编号、考生姓名、就读学校及项目等 4 项内容，同样公布 4 项内容的还有海南、辽宁、湖南、安徽。

此外，北京、天津、重庆、山东、广东、河南等 6 省市公布了 5 项内容，广西、河北、西藏公布了 6 项，江苏、上海公布了 7 项，湖北公布了 8 项，江西公布了 9 项。

公示项目最多的是浙江省，该省教育考试院发布的《关于2015年普通高校招生政策加分考生名单公示的公告》中，详细列出了报名序号、姓名、性别、户籍、所在中学或单位、应往届、加分项目详细名称、获取加分资格时间、发证单位、加分值共10项内容。

值得称道的是，湖北省还公布了部分项目加分考生的家庭成员信息。公示项目分为高考报名号、姓名、毕业中学、民族、家庭成员一、家庭成员二、优录项目、优录内容等8项内容。其中，家庭成员一栏分姓名、工作单位两部分。优录内容如果是"烈士子女"的，还需将烈士姓名、烈士与考生关系、被授予烈士称号时间等内容列出。对于"台湾省籍考生"的加分项目，该省还公示了考生在台籍贯详细地址。

各省份通常通过网站为公众提供在线查询本省（区、市）高考加分考生公示名单的功能。

河南省招生办公室网站显示，"招生信息"一栏可点击查看"本省享受照顾政策类别及具有相应资格考生名单"，可输入"省辖市""照顾类别""考生考号"3项信息进行查询。公众既可以输入某个考生的信息进行查询，也可以查找某个市、某个项目的加分情况汇总。

第十八问　高考加分"瘦身"后，有特长怎么办？

——记入学生综合素质档案或考生档案，供高校录取时参考

只要高考加分政策的新闻出来，若寒妈妈都会仔细研读。若寒现在读高一，从小妈妈就很重视若寒的体育锻炼。一方面是有了好的体魄，到哪都不吃亏；另一方面，若寒妈妈听说如果获得国家二级运动员称号，高考还可以加分。在"差一分就差了一个操场"的时代，可别小看了"体育特长生"加的 5～10 分。现在高考取消了"体育特长生"的加分，若寒妈妈想知道，加分项目减少了，有特长咋办？高考加分取消特长加分，是否表示国家不重视学生的特长发展了？

高考加分的一个重要作用是通过加分项目引导学生德智体美全面发展。如何在给加分项目做"减法"的同时，做好鼓励学生发展特长的"加法"呢？

[政策原文]

1. 取消体育特长生加分项目

在高级中等教育阶段获得"重大国际体育比赛集体或个人项目前 6 名、全国性体育比赛个人项目前 6 名""国家二级运动员（含）以上称号"的考生，均不再具备高考加分资格。相关考生可选择报考高校高水平运动队招生，或运动训练、武术与民族传统体育专业单独考试招生，或其他体育学类专业招生。

2. 取消中学生学科奥林匹克竞赛加分项目

在高级中等教育阶段获得全国中学生（数学、物理、化学、生物学、信息学）奥林匹克竞赛全国决赛一、二、三等奖的考生，不再具备高考加分资格。考生的相关学科特长可作为自主招生试点高校优先

给予初审通过的条件。

3. 取消科技类竞赛加分项目

在高级中等教育阶段获得全国青少年科技创新大赛（含全国青少年生物和环境科学实践活动）、"明天小小科学家"奖励活动，全国中小学电脑制作活动一、二等奖，国际科学与工程大奖赛或国际环境科研项目奥林匹克竞赛奖项的考生，不再具备高考加分资格。考生的相关科研特长和创新潜质可作为自主招生试点高校优先给予初审通过的条件。

4. 取消省级优秀学生加分项目

在高级中等教育阶段获得省级优秀学生称号的考生，不再具备高考加分资格。

5. 取消思想政治品德有突出事迹加分项目

在高级中等教育阶段被认定为思想政治品德方面有突出事迹的考生，不再具备高考加分资格。对有突出事迹的考生，按照有关程序，高校可破格录取或单独考试录取。

[权威解读]

教育部高校学生司相关负责人：此次改革在减少和规范高考加分项目同时，还提出要合理体现考生的相关特长，引导每一个学生全面而又个性地发展，继续通过其他方式鼓励学生兴趣特长发展。主要有四个方面：一是创造条件，积极鼓励每一个中学生积极参加日常校园阳光体育、艺术、科技创新及社会实践等活动。二是考生的体育、艺术、学科等特长如实记入学生综合素质档案或考生档案，供高校录取时参考。三是鼓励具有体育、艺术特长的学生报考高校高水平运动队、高校艺术团，或报考相关体育、艺术专业。四是考生的相关学科特长和创新潜质，可作为自主招生试点高校优先给予初审通过的条件。

湖南省教育厅学生处处长熊俊钧：将考生的相关特长、突出事迹、优秀表现等情况记入学生综合素质评价档案或考生档案，作为高校择优录取的参考，为深化高考招生改革，建立和完善多元化人才选拔机制打下基础。

不仅如此，大幅取消高考加分后，将有效消除当前考生参加体育、文艺、学科竞赛纯粹是为了高考加分的现象，纠正考生和家长的功利性倾向。同时，用综合素质测评代替单一的高考加分，高校在招生录取时，可将此作为选拔人才的重要参考，将有助于促进素质教育深入实施，引导学生德智体美全面而有个性地发展。

河北省教育考试院普招处处长吴迟迟：这次减少和规范高考加分的重要特点是坚持正确的育人导向。调整加分政策不是简单地取消加分项目，而是变堵为疏、变堵为引，旨在全面贯彻党的教育方针，科学合理地体现考生的相关特长、突出事迹、优秀表现，引导每一个学生德智体美全面而有个性地发展，纠正少数人片面追求高考加分的倾向。在对部分加分项目做"减法"的同时，完善其他多种方式鼓励引导学生兴趣特长发展，为考生成才做"加法"。取消上述加分项目后，相关的评优、竞赛等活动仍可正常进行，不受影响，只是与高考加分不再挂钩，遏制的是只为高考加分而违心地参加相关活动的功利性倾向，甚至作假行为，使真正热衷和喜欢这些活动、具有相关特长的学生脱颖而出，发挥自己的特长，实现自我。

在取消这些加分项目后，相关文件在继续鼓励学生发展兴趣特长方面也做出了相应规定，使高考加分政策调整在确保教育公平的同时，也为具有特长的学生的成长和发展提供了政策和制度上的支持。

[域外视角]

◎ 英国中考、高考加分理由五花八门[1]

根据英国考试委员会规定，参加英国普通中学教育证书考试（GCSE，相当于中国的中考）和高级水平考试（A-level，相当于中国的高考）的考生，如因特殊原因导致考试发挥失常，可在考试结束后1周内向考试委员会申请成绩"特殊照顾"。即使中考或高考没考好，也没关系，只要你告诉阅卷老师"因为家里的宠物在考试前死了"或"考试时太紧张了"，你就有可能被特殊加分。就是因为这个"特殊照顾"，英国近几年有越来越多的考生以五花八门的理由要求获得特殊加分。如今，这种加分制度受到老师、学生及家长的广泛质疑。

20%的成绩不公正都是因为"特殊照顾"。英国《每日邮报》14日报道，英国资格及考试监督办公室的官员日前宣称，在GCSE和A-level考试中，有20%的考生成绩是不公正的。这其中有一半的考生成绩因"特殊照顾"规定的滥用被打高了，而另一半考生明明符合"特殊照顾"的规定而没要求"特殊照顾"，考试成绩被低评了。尽管GCSE和A-level考试最终是以A、B、C、D等级别来体现的，但这个官员说，很多时候，因"特殊照顾"而给考生加的分，正好能改变学生的考试等级，如从D到C。

要求加分的学生每年都在激增，通过率高达97%。英国资格及考试监督办公室的统计数据表明，2008年，因各种原因要求获得"特殊照顾"的学生人数超过33.8万人，大大超出2005年的25.5万人。这一数字每年都在以惊人的速度递增。在2008年申请特殊加分的33.8万考生中，有32.9万学生的要求获得批准，通过率高达97%。不少教育专家提出，他们对"特殊照顾"制度的公正性很是担忧，他们普遍

---

[1] 英国中考、高考加分理由五花八门[N]. 都市快报, 2009-05-16（13）.

认为这一原本追求公平的规定，如今适得其反。

　　加分条件太多，导致更多人钻空子。对此，英国资格及考试监督办公室负责人凯瑟琳·泰特索尔说："确保所有学生在考试中公平展示他们的知识、技能和才智，是非常重要的。学校和考试机构都希望那些在身体或精神上有'硬伤'的学生，在考试中能与其他考生公平竞争。这也正是'特殊照顾'规定2005年出台的初衷。"但"争取真正教育运动"机构主席尼克·锡顿说："（加分考生）数字如此惊人，它们暗示有相当多的'作弊'行为存在……太多的加分条件会导致更多人钻空子。"也有反对人士认为，教育机构对学生们"特殊照顾"，只能让这些没有经历过风雨的温室花朵在步入社会后栽更大的跟头。

第六章
高校自主招生新政将会带来哪些影响

说起自主招生，那真是学生憧憬、家长操心、高中梦想的一项政策。不同于中规中矩的凭考分上大学，要想拿到自主招生的名额，光有成绩还不够，学生还得综合素质高，有点儿特殊的本领才行。所以，一名能获得高校自主招生青睐的学生，都会有一些特殊的光环，不仅自己骄傲，家长、学校也都与有荣焉。

自主招生并不新鲜，2003年，教育部就开始在一些高校进行自主招生试点了。不过，随着本次招生考试制度的全面改革，自主招生也经历了大变脸。取消自招联考，笔试原则上只考一门，试点高校不得向高中分配名额……这些与以往自主招生迥异的变化，让人眼花缭乱。

想往自主招生方向努力的学生、家长和学校，是不是感觉有点迷糊呢？不要着急，看完本章，您就知道该怎么办了。

第十九问　为何要取消学校推荐？

——中学不再分三六九等，只要你有真本事，在哪儿都可以申请

还记得吗？2010年，北大的自主招生开始试行"中学校长实名推荐制"，在全国引起了不小的轰动。那时候，很多学生都梦想着通过知名中学校长的推荐，获得北大录取的直通车。不过，现在这条路可走不通了。

以往高校的自主招生报名方式多是"中学推荐"和"学生自荐"相结合，不过按照教育部对于自主招生的要求，目前高校自主招生报名只有一条通道，即学生自荐、高中审核、网上报名、高校筛选和考核。因此，取消"学校推荐"这一报名方式，报名入口向所有学生开放，成了自主招生的重大变化之一。

这其中，最受关注的两所学校当属北大和清华，因为两校的"校长推荐制"均已实施多年，北大是"中学校长实名推荐制"，清华是"领军计划"，两校给中学分配推荐名额，获得推荐资质的高中校长可以向两校推荐优秀学生，两校通过"中学推荐和大学考查"的方式进行选拔。

在这次新政中，尽管两校特殊类型的自主招生计划还保留，却做出了不小的调整。例如，北京大学将"中学校长实名推荐"改为"博雅人才培养计划"，取消了以往的推荐学校限制和推荐名额，完全由学生自愿报名。清华大学的选拔方式中也不再提及"中学推荐"这一渠道，所有符合要求的学生都可以通过网络自行报名。

[**政策原文**]

考生向试点高校提出申请，考生所在中学（单位）或原毕业中学、社会团体或专家个人等均可实名提供推荐材料并对其真实性负责。试点高校不得向中学分配推荐名额。考生所在中学（单位）或原毕业中学应依据考生学籍档案、在校表现和高校要求，如实提供考生在高中阶段德智体美各方面发展情况，包括高中阶段课程修习情况和相关成绩、学业水平考试成绩、社会公益活动情况、获奖证书证明以及其他反映学生综合素质发展情况的写实性材料。

——教育部《关于进一步完善和规范高校自主招生试点工作的意见》

[**专家解读**]

以往自主招生中的"选优"，一定程度上造成了考生的不平等竞争，而向中学分配指标的做法也对中学发展产生了复杂影响。高校在自主招生中对于优质中学的高度重视，导致"强者愈强"，催生出一批"超级牛校"，客观上加剧了资源集聚效应，进一步拉大了城乡差距和校际差距。

北京大学招办主任王亚章：由考生直接向试点高校提出申请，意味着所有学生都可以根据自己的专长和兴趣报名，中学也不再分三六九等，而拥有同等的权利，这就从根本上解决了机会均等问题。

很多中小学校长也对取消"学校推荐"表示认同。有校长表示，原先实行的中学校长实名推荐制一直存在争议，今年改为学生自荐，对考生更加公平，也减轻了中学校长的压力。

所以，即便一名学生只是在一所名不见经传的普通中学就读，只要你真的有突出的才能，依然可以向高校提出申请。

[案例]

往年，有自主招生推荐资格的学校是有严格限制的。例如，2014年，北大的"校长实名推荐"，浙江省只有23所重点中学有推荐资格，其中杭州地区有6所。而清华的"领军计划"，浙江只有19所重点中学有推荐资格，其中杭州地区有4所。

但从2015年开始，由于高校不得向中学分配推荐名额，所以对学校的限制完全放开了，任何中学的高三学生，只要成绩拔尖（北大要求年级排名前1%，清华要求年级排名前5%），都有自荐资格。例如，杭二中一直是北大、清华校荐的重点对象。学校获"2014年北大校长实名推荐"的名额是5人，获清华大学"领军计划"的名额是2人。按2015年高三有500多位毕业生算，能报北大"博雅计划"的学生（1%）就是5位；能报清华"领军计划"的学生（5%）则至少有25位。

按以往，长河高中没有北大、清华的校荐机会。"今年'计划'变了，参与面广了，我们肯定会有学生去报名，多了一个通道是好事，但也不用刻意去追求。能不能够到北大、清华，还是专心冲浙大，学生们对自己的目标应该有清晰的判断。"长河高级中学校长毛伟民说。

第二十问　联考取消后，选拔标准如何调整？

——展现自我，拿出真本事，就有可能过关

"北约""华约""卓越联盟"……这些名词你还记得吗？这可不是又回到了冷战时期，而是当年自主招生火热时，全国几十所顶尖高校成立的三大招生联盟。每年，三大联盟都要组织各自的选拔考试，考生、家长在全国各地疲于奔命，而且他们还往往选在相同的几天考试，让学生只能选择参加一个联盟的考试。那时的考生和家长都有无可奈何的尴尬。媒体把这形象地称为自主招生"三国杀"。

好消息是，这样的情况今后不会出现了。按照教育部的要求，笔试联盟取消，考核由试点高校单独组织，即便真的需要笔试，考试科目也是原则上考一门，最多不超过两门。"学科特长和创新潜质"成为各校自主招生的核心关键词。

考生朋友们，不要再想着把全部精力投入准备自主招生的笔试了，好好准备，展示自己的学科特长和创新潜质吧！

[政策原文]

试点高校考核要结合本校相关学科、专业特色及培养要求，确定相应的考核内容，重点考查考生的学科特长、创新潜质。
——教育部《关于进一步完善和规范高校自主招生试点工作的意见》

[权威解读]

以往的三大联盟自己组织的笔试，常常被社会质疑为"小高考""掐尖儿"，有违以推动多元选拔录取模式为目的的自主招生本意。

按照新的政策导向，各校自主招生的选拔标准都有所改变。不信，我们选取了北大、清华两校，看看它们2014年和2015年的自主招生简章，有哪些变化。

2014年，北大、清华的招生对象要求是"学科特长突出、具备创新潜质的优秀高中毕业生，以学科竞赛、创新性研究工作或研究性学习成果、学习成绩为主要参考"。

而2015年，北大自主招生的对象变成"主要面向国内外相关专业学习实践活动中取得优异成绩者；有发明创造或参加科技类、人文社科类竞赛全国决赛或国际比赛获得优异成绩者；奥林匹克竞赛全国决赛获得优异成绩者"。清华则表明主要自主招收三类学生："具有各学科竞赛突出特长的学生；在科技发明、研究实践、文学创作、创意创新等方面具有突出表现的学生；在语言、逻辑、智力、记忆、国学等方面具有特殊天赋或才能的学生"。

看出这些表述有哪些不同了吗？2015年的表述比以往更具体，也更明确。而且在2014年还只是作为"主要参考"的"学科竞赛、创新性研究工作或研究性学习成果、学习成绩"，在2015年已经明确为招生必须具备的条件。

如果还不太明白，那么再看看人文社科类的顶级高校中国人民大学2015年的自主招生简章吧。

人大今年首次要求考生提供所报专业相关的高中课程任课教师课程学习评价意见。例如，中共党史专业和考古专业都要求历史老师写评价意见，汉语言文学和国学专业则要求语文老师写评价意见。

为什么要这么做呢？人大招办的负责人这样解释，此举主要是为了改变以往由校长、班主任给考生写推荐评语时的"千篇一律"。例如，"该生心态积极向上，追求进步，科研能力强"这样的评语，以后很难进入高校法眼了，高校会更关注学科教师对考生的学科特长评价，说得越具体，考生被录取的希望就越大。

北京大学自主招生简章

清华大学自主招生简章

[案例]

在 2016 年自主招生的 90 所高校中,多数高校将自招测试时间确定在高考结束后的第一个周末,诸多高校在自主招生时间上出现"撞车",考生要提前做好计划。

与往年相比,2016 年自主招生几乎所有高校对"学科特长"和"创新潜质"都有明确的要求。

对理科生的申报要求集中在学科竞赛获奖、发明创造等"硬件"。中国人民大学的理科实验班要求,考生在"全国青少年信息学奥林匹克竞赛"中获得省级一等奖及以上奖项或全国排名前 15% 者优先考虑。

复旦大学的"望道计划"体验营要求,考生高中阶段获得数学、物理、化学、生物、信息学奥林匹克竞赛国家级或两项及以上不同学科省级一等奖。

文科的申请条件则更多元。语言类偏向外语竞赛获奖;其他文科专业申请条件中,在报刊发表论文、作品等也可。上海外国语大学自主招生章程有一条规定,高三第一学期期末考试和一模考试的外语(课程)成绩均在全年级同科类学生中排名前 2% 以内,而去年对外语单科的要求只要前 5% 以内就够了。

教育专家熊丙奇认为,今年用自主招生政策替代原有高考加分政策,把艺术特长、体育特长、学科特长等生源转移到自主招生的倾向更为清晰,"引导学生关注自身兴趣和特长,为兴趣而学习,而非为了加分'曲线救国'。"

第二十一问　选拔形式有何变化？

——更加多样，参观博物馆也有可能是在考核

选拔标准不同，选拔形式自然要相应更新。梳理各校公布的招生简章可以发现，今年各校的自主招生都明确规定了多元的选拔形式。

[政策原文]

考核由试点高校单独组织，不得采用联考方式或组织专门培训。充分发挥学科专家的作用，探索完善科学、有效、简便、规范的考核方式。如需笔试，考试科目原则上一门、不超过两门。
——教育部《关于进一步完善和规范高校自主招生试点工作的意见》

在前面的政策上，我们已经知道了教育部对自主招生的笔试科目做了限制——"如需笔试，考试科目原则上一门、不超过两门"。不过，目前只有少数高校取消了笔试环节，大部分高校仍采用笔试加面试的方式进行选拔，并且明确规定了面试所占比重。例如，2015年清华自主招生笔试科目依然为数学与逻辑、物理探究或阅读与表达。而北大不再只限于传统的笔试、面试，而是根据学生报名条件和专家的初审评价，对学生进行不同类别的测试，以全面了解考生的学科特长和创新潜质。甚至还有学校表示，会对一些具有特殊天赋和才能的学生量身定制考核方式，学校将组织相关专家组对考生所提供的作品进行评估，并由专家组确定考核方式，如实验操作、作品答辩、现场创作等。例如，一名考生想要报考人大的考古专业，除了要参加面试，还要参加学术讲座、参观博物馆等。当然还有更酷炫的，考生还会获得去考古工地实践的机会，甚至还能利用一到两天时间直接参加考古挖掘。

听起来是不是有趣极了？不过考生朋友们请注意，这可不是让你去放松的。这些活动听起来很轻松，但也一定注意要表现出你的专业素养，因为那些专家说不定就在暗中观察你，给你打分呢。

看到这些选拔形式，该怎么准备，考生和家长朋友们是不是也心里有数了呢？

[权威解读]

◎ 创新选拔形式，对考生意味着什么？

首先，考生要抓紧准备个人相应的材料。前面已经说了，高校自主招生已明确为选拔具有学科特长和创新潜质的优秀学生。因此，你哪一个学科出色或是某一方面特长要积极充分地准备，不只是在"练"上下功夫，还要把获奖证书、奖杯或其他物质奖品及个人的作品(原件、复印件)等准备好，以备填报和上报。

其次，参加高校自主招生考试的考生要深刻认识高校自主招生的含义。高校自主招生是通过科学有效的途径选拔特殊人才的一种创新招生形式。考生要认真分析、把握个人的特长。近二十年的成长、学习经历，个人固然有很多兴趣、爱好，但个人的长项是什么，自己哪一方面还更有潜力，更能提高个人的能力，以使个人成才，适应国家、社会的需要，自己要认真分析，准确把握。

最后，就是考生要怎样把握面试过程的问题了。考试相信大家是不怕的，但考生朋友一定要记得，这不是看你掌握多少文化课知识的考试，这考的是你的综合素质和学科潜力。所以，在高中阶段死读书是肯定不行了，多多琢磨怎么提高自己的这些能力吧！

[案例]

北京航空航天大学提出了以夏令营方式进行选拔和招生的新模式，根据考生在自主选拔夏令营中的笔试、面试成绩并参考其他测试和活动的综合表现，由专家评审组评定自主选拔录取资格候选名单和相应的录取优惠政策。

复旦大学自主招生则通过"望道计划"体验营、"博雅杯"人文学科体验营、奥林匹克竞赛全国决赛生三种项目开展。体验营期间学生将根据所报志愿分组参加名师讲座、校园体验、封闭式写作考核等活动和测试。笔试成绩达到及格线的学生按笔试成绩择优选拔参加专家组面试。根据面试成绩确定入选名单，经校招生领导小组审定后择优给予自主招生优惠政策。

第二十二问　自主招生考核为何安排在全国统一高考后进行？

——让考生有更多选择，让高校不再掐尖

自主招生改革的时间一直备受关注。以往自主招生一直都是在春节之后进行，而考生一般都在高三上学期就花费大量的时间准备。从 2015 年起，高校自主招生考试将在高考后、录取前举行。为什么会有这样的变化呢？考生要参加自主招生，需要关注哪些时间点呢？

[政策原文]

2015 年起，所有试点高校自主招生考核统一安排在高考结束后、高考成绩公布前进行。2 月底前，试点高校发布年度自主招生简章。3 月底前，考生完成报名申请。4 月底前，试点高校完成考生材料审核，确定参加学校考核考生名单并进行公示。6 月 7 日、8 日，考生参加全国统一高考。6 月 10 日至 22 日，试点高校完成考核，确定入选资格考生名单、专业及优惠分值，并报教育部阳光高考平台公示。各省级招生考试机构公布高考成绩后，组织本省（区、市）有关考生单独填报自主招生志愿，原则上在本科第一批次录取前完成自主招生录取并进行公示。

——教育部《关于进一步完善和规范高校自主招生试点工作的意见》

[权威解读]

不少专家认为，自主招生改革后，既可避免学生盲目报考，又可方便高校选拔。以前，由于时间安排在高考之前，自主招生一直被误用，演变成各高校的"掐尖"之战。如今，自主招生放在全国统考后，高校可以更有目的地根据不同专业需求和学科要求去选拔学生。学生也可以根据成绩报考多所学校，时间也可以错开。

此外，自主招生放在高考之后，不仅可以减少大学之间过早争先恐后的掐尖战，还可以减少对高三整个学习秩序的冲击。对于这一点，很多过来人都连声叫好。因为在以往，一到高三第一学期，学生、学校就要为自主招生做准备，一定程度上会扰乱高考备考秩序。

教育部有关负责人指出，自主招生的时间调整，主要有以下三点考虑：

一是有利于选拔学科特长、创新潜质的学生。如果高考出分后再进行自主招生，那么有的高校可能会根据高考成绩设定门槛，部分有学科特长但高考成绩稍低的学生就可能被挡在门槛之外。

二是有利于维护自主招生的公平公正。高考出分后，部分考生家长追求自主招生"优惠分值"的目的性增强，高校给予的"优惠分值"利害性加大，防范营私舞弊和权力寻租风险的压力增加。

三是有利于保证现行高考录取进程不受影响。如果高考出分后再开始自主招生，需将全国各省整体录取开始工作时间推迟两周左右，会增加全国考生录取等待时间。为确保有关工作环节顺利衔接，教育部要求各省级招生考试机构和有关中学要为试点高校提供必要的支持和服务，确保试点高校及时完成考核工作。

第二十三问　如何防范招生腐败？

——招生全程透明，让腐败无处遁形

2014年，中国人民大学招生就业处原处长蔡荣生因受贿千余万被捕，引起人们对高校自主招生如何杜绝腐败的关注。不少大学都表示，招生必须要公开、公正、公平，监督方面不能有任何漏洞。

自主招生公开、公正、公平，是本次高校自主招生改革中全社会最关注的问题。教育部也对防范自主招生各类违规行为提出了十分严格的要求。梳理各校招生简章发现，除了报名条件、选拔程序、优录政策等全公开外，绝大多数高校都向社会公布了监督电话。例如，北大在自主招生简章中表示，学校纪检监察部门将全程监督初审和测试过程，测试过程全程录像。在其招生简章上，各种接受社会监督的渠道被悉数公布。

[政策原文]

加强信息公开公示。完善教育部、各省级招生考试机构、试点高校和中学四级信息公开制度。在教育部阳光高考平台建立统一的自主招生信息管理系统，加强对报名、审核、公示各个环节监督管理。中学要公示所有经确认推荐的考生名单及相关材料。试点高校要将参加考核的考生名单、入选资格考生名单、录取考生名单及相关信息，分别在本校、生源所在省级招生考试机构及教育部阳光高考平台上进行公示。公示的考生信息应包括姓名、性别、所在中学（或单位）、享受照顾政策类别、资格条件、测试项目、测试成绩、合格标准、拟录高校及专业和录取优惠分值等。

严厉查处各类违规行为。试点高校不得发布未经教育部备案的自

主招生简章或进行虚假招生宣传；不得在高考前以任何形式组织与自主招生挂钩的考核工作；高校自主招生工作人员、专家评委不得参与社会机构组织的各类培训、辅导活动；不得以各种形式偏离试点定位进行恶性生源竞争或向考生违规承诺录取；录取时不得突破自主招生计划录取，不得突破经公示的优惠分值录取，不得更改经公示的入选专业录取，不得在发放新生录取通知书或新生入学报到环节更改考生录取专业。省级教育行政部门不得擅自扩大试点高校范围或出台与国家招生政策相抵触的招生办法。省级招生考试机构不得为不符合要求的考生或违反规定程序办理录取手续。有关中学等不得出具与事实不符的考生推荐材料、证明材料等或在考生综合素质档案中虚构事实或故意隐瞒事实。

相关部门、机构和学校建立考试录取申诉、举报机制，及时回应处理各种问题。对违规违纪的部门、机构、学校、考生和工作人员，一经查实，要依据《国家教育考试违规处理办法》（教育部令第33号）和《普通高等学校招生违规行为处理暂行办法》（教育部令第36号）严肃处理。涉嫌犯罪的，移送司法机关处理。

——教育部《关于进一步完善和规范高校自主招生试点工作的意见》

回归选拔有特长学生的本源

[权威解读]

中国教育科学研究院研究员储朝晖：自主招生经过世界很多国家的大量高校反复实践，被证明是比较好的人才选拔和培养制度。在欧美一些教育发达国家，"自主"的"自"是指大学独立法人的"自"，招好学生是办好学校的起始环节，招生搞不好就意味着学校的一系列后续工作难以正常开展，所以这些学校往往会委派权威的专业人士招生，一般不会违反规则。

反观国内一些高校的自主招生，招生权力掌控在行政人员手中，原本是代表高校招生自主权的"自",变为代表行政权力小圈子的"字",他们在招生标准设定、自主选拔、面试环节任意而为,干预专业人员公正选拔,这就是自主招生在行政权力控制下被异化的基本模式。

在大学中,良好的自主招生制度的建立与现代大学制度的建立是相互伴随的。否则,行政权力就依然难以受到必要的约束。唯有真正建立了现代大学制度,才能让权力与责任相匹配,赋权与问责相制约,权力的运行才能真正阳光。

高校招生信息"十公开"

当下尚有一种误区,公众过度依赖上级监督下级。大量事例表明这是不靠谱的。早在 2005 年,教育部就提出过"六公开";2013 年,教育部再发文要求高招信息"十公开",依然难以阻止腐败者的脚步。

自主招生的健全制度体系一定要包括专业的健全的独立第三方监督体系。标印着"绝密"字样的试卷由警方护卫考点、监控录像、全封闭阅卷,这些都还只是技术层面的措施。必须形成整个招生过程的系统环路,在理论构架和制度体系建设上不落后,并转换成一套系统可操作、可监督、可重复的专业规则,才能防堵从各个路径钻进来的"老鼠",保障自主招生是一场公平的竞争。

真正的自主招生应该在专业的规则中运行,每个当事人都能够参与监督。这样的专业规则是公器,不论职位高低,大家都有平等的使用权力,也都应该一视同仁地遵守。

[案例]

暂停自主招生一年的中国人民大学在 2015 年实行了内部和第三方双重监督机制。其中,内部监督由人大监察处负责,监察处制定自主招生监督细则并全程参与选拔。第三方监督由人大聘请的社会监督员组成的社会监督委员会负责,社会监督员有权参与自主招生选拔过程并提出意见。考生及家长如对自主招生选拔过程有疑义，可直接向两个部门反映，学校将在 15 日内向相关人员作出答复。而考生如有中学、社会团体或专家实名推荐，学校也可公开推荐人姓名和与推荐理由直接相关的社会身份，接受社会监督。

上海交大还明确规定，推荐材料需由推荐人或者推荐单位用信封密封且在封口签字，力求保证推荐材料的独立性和公平公正性。

[域外视角]

在不少国家，大学拥有相对较大的办学自主权，招生自主权是其中的重要一环。政府对大学特别是公立大学提供一定资助，但一般不干预大学的招生、管理、教学等内部事务。

美国大学，包括公立大学，在招生上享有独立权，它们往往独立拟订招生计划，不受政府部门干预。嘉华世达国际教育交流有限公司美国部项目总监王敬说："美国大学特别是名校的招生，一般是根据大学的文化、校园氛围和生活环境等，到美国各地和其他国家找到最能与之匹配的人，他们普遍要求学生具有创新能力和领导力，有国际视野，并为将来在该校的学习和生活做好了前期准备。每所学校都有专门的招生委员会，共同做出录取决定。"

大学的招生计划受制于学校的资源现状。意大利的大学，不管是公立大学还是私立大学，都是根据学校设施、师资及资源占有量等情况自主决定招生数量。一般来说，大学 60% 的资金来自政府拨款，学校招生越多，政府的拨款越多，所以学校都有招生的积极性。当然，这并不是说招生越多越好，如果存在学生按期不能毕业的情况，政府会相应地减少投入量。另外，新生宿舍的容纳情况是美国大学招生时要考虑的重要因素之一。

大学某些专业的招生计划也会受到一定的限制。例如，在律师、医生、药剂师等专业上,德国政府会根据社会发展状况限定其招生数量,以保证德国社会的律师、医生、药剂师等保持一定的数量。除了这些受限专业之外,大学一般可以自主决定招生计划。

大学的招生看似是大学一家的事,其实不然,它的招生政策甚至"延伸"到了高中阶段。例如,加拿大的高中课程分必修课、选修课和社会实践类课程。除了英语、数学、物理、化学等必修课程外,高中生的辅修专业对于大学申请非常重要。

在国外,大学生可以在多所大学间流动。这也是大学具有招生自主权的一种体现。

这种流动可能是主动的选择。例如,欧盟"伊拉斯谟计划"这一旨在促进大学生流动的欧洲行动计划出台之后,提出了衡量不同国家和机构间学习成果、实现学分互认的客观要求。为此,欧盟引入了欧洲学分转换与积累体系(ECTS),促进了学生在不同国家及学校间的流动。

这种流动也可能是被动的决定。加拿大的大学采取"宽进严出"的模式,学生进入大学后,会经历一个从某种意义上说是"淘汰"的过程,如果经过一段时间后,学生不适应商学院的课程,可以转到文学院,如果还不适应,就可以转校。前面的学历经历所得学分,也会随之转到新的学校。只要累积到一定的学分,就可以毕业。对于加拿大的大学来说,它们则是在学生读书过程中择优培养。法国巴黎高等艺术与奢侈品文化学院也存在类似情况,该校每个院系专业第一年招收30~40人,第二年起开始实行严格的淘汰制,第四年大约只剩下30人。

高考招生常见7大骗局

第七章
高校招生录取改革：从"批发"迈入"零售"时代

作为"第一批吃螃蟹"的人，马上升入高二的上海高中生小张在新高考的"指挥棒"下已经度过了一个学年。因为新高考方案较之原有高考方案变化较大，他们的学习、生活和以往的高一学生有很大不同：积极进行职业规划，确定自己的选考科目，主动参与公益活动，并记录在自己的综合素质评价档案中。虽然还在读高一，但小张已经开始为新高考做准备。

在国家已公布的政策中，关于考试方面的细则已经非常明晰，但各大学招生录取改革则犹抱琵琶半遮面。由于没有以往可借鉴的经验，对于2017年的高考，作为改革试点的上海和浙江的学生以及他们的家长充满了迷茫和疑惑。有些家长直言自己并没有完全理解新高考方案："像什么'三位一体'招生、合并本科第一第二招生批次、'专业＋学校'志愿填报方式等，感觉都很复杂，搞得我们云里雾里的。"

下面将从政策解读、专家视角等角度，力求更专业、更权威地来阐释这些高考新名词。

第二十四问　高考还是千军万马挤独木桥吗？

——多元录取让学生升入高校的途径变多了

新高考制度实施后，普通高考、自主招生、"三位一体"综合评价招生、春季高考、高职自主招生、高职单考单招，多元录取让学生升入高校的途径变多了……

"浙江高三学生最近有点忙，因为各高校自主招生、提前招生、三位一体招生均已拉开序幕。钱江晚报记者从浙江省教育考试院了解到，今年的高考生又多了一种新选择——除了选报统一高考、高职单考单招、三位一体招生、高职自主招生外，还可以选报高职提前招生。"①

[政策原文]

◎ 启动高考综合改革试点

1. 改革考试科目设置

增强高考与高中学习的关联度，考生总成绩由统一高考的语文、数学、外语3个科目成绩和高中学业水平考试3个科目成绩组成。保持统一高考的语文、数学、外语科目不变、分值不变，不分文理科，外语科目提供两次考试机会。计入总成绩的高中学业水平考试科目，由考生根据报考高校要求和自身特长，在思想政治、历史、地理、物理、化学、生物等科目中自主选择。

2. 改革招生录取机制

探索基于统一高考和高中学业水平考试成绩、参考综合素质评价

---

① 鲍夏超，沈蒙. 浙江15所高职今年首次提前招生［N］. 钱江晚报，2015-03-07.

的多元录取机制。高校要根据自身办学定位和专业培养目标，研究提出对考生高中学业水平考试科目报考要求和综合素质评价使用办法，提前向社会公布。

3. 开展改革试点

按照统筹规划、试点先行、分步实施、有序推进的原则，选择有条件的省（市）开展高考综合改革试点。及时调整充实、总结完善试点经验，切实通过综合改革，更好地贯彻党的教育方针，全面实施素质教育，增加学生的选择性，分散学生的考试压力，促进学生全面而有个性地发展。2014年上海市、浙江省分别出台高考综合改革试点方案，从2014年秋季新入学的高中一年级学生开始实施。试点要为其他省（区、市）高考改革提供依据。

浙江省深化高校考试招生制度综合改革试点方案

[权威解读]

上海市高校考试招生制度综合改革试点方案

在2015年全国两会期间，**广东外语外贸大学副校长顾也力**委员提出，高考改革的关键是录取制度，录取制度不改革，怎么考都是表面现象，没有涉及根本问题。

全国人大代表、山东省教育厅副厅长张志勇：我们国家长期的招生体制就是靠政府举办的事业单位去招学生，我认为就是批发学生。

国家教育发展中心体制室主任王烽：这次改革的主题是促进公平、科学选才，实现这个目的要建立从招生改革到考试改革，到管理体制改革的一个整体工程，其中高校的招生自主权是其中的核心。高校要根据自己的特色和优势确定录取标准。

促进学生全面而有个性地发展——解读浙江高考综合改革试点方案四个关键词

王烽的观点引起了张志勇的共鸣，他认为高校录取标准的确定对高中的影响非常大。过去高中和大学之间在人才培养体系之间是不衔接的，只有分数的对接。这次改革让高中教育和大学教育的人才培养体系开始对接了。"这次考招改革就像农民种田一样，我们种了很多菜、粮食，足够多样和多元，但是高校如何按照你的品位做好这盘菜，最关键的是招生自主权问题。"

哪种录取方式更有利于科学选才？张志勇和王烽的建议是转变招生办的职能，将招生的权利"下沉到学科、专业、教授组成的招生小组上"，建立招生监督委员会，并且制定公开的、详细的招生章程。

除了让教授等学术力量参与招生，**北京大学教育学院的文东茅教授**还建议高校要设立数量庞大的专职招生面试官，招收生源的质量与招生官的业绩和声誉密切挂钩，以杜绝招生腐败问题。

随着新高考渐行渐近，许多学校正在探索多元录取的新方式，这意味着除了普通高考外，学生进入大学的通道正在不断拓宽，招生中的综合测试、职业技能测试等措施的实施，意味着大学招生从"批发"时代逐步迈入"零售"时代。

"我希望一个学生可以向多所学校投送自己的入学申请，也可以拿到多个学校的录取通知书，但他可以自主选择最喜欢的学校和专业。"张志勇说。

[案例]

◎ 上海高考综合改革试点方案四大亮点

上海高考综合改革试点方案 2014 年 9 月 19 日公布，改革旨在进一步敞开科学评价和选拔的大门，为学生成长成才提供更多的机会和渠道，改变用一个分数来评价、录取学生，让多种因素在招生中发挥作用。上海的这套高考改革新方案新在何处？具体怎么操作呢？

亮点1：考试科目——从"3＋1"变为"3＋3"

原方案：2012 年以来，上海高考科目为"3＋1"共 4 门。其中"3"为语文、数学、外语，"1"为政治、历史、地理、物理、化学、生命科学中的任一门。每门科目成绩 150 分，高考成绩总分为 600 分。

新方案：从 2017 年开始，上海高考科目将变为"3＋3"共 6 门。其中前一个"3"为统考的 3 门，分别为语文、数学、外语，每门成绩满分 150 分；后一个"3"为选考的 3 门，学生可以从思想政治、历史、地理、物理、化学、生命科学中任意选择 3 门，每门成绩经折算后满分为 70 分。高考总成绩为 660 分。

亮点 2：时间安排——从统一考试变为分散考试

原方案：以往上海高考与全国统一高考同时进行，4 门考试科目在每年 6 月 7 日、8 日两天之内集中考完。所有科目每年仅有一次考试机会。

新方案：按照上海高考新方案，6 门考试科目将分散进行。其中语文、数学、外语为统一考试，安排在每年 6 月；外语将率先实行一年两次考试，另一次安排在 1 月。学生可以考一次或两次，取较高的成绩纳入高考总分。3 门选考科目以高中学业水平考试等级性考试的形式进行，随教随考随清。对于 2014 年入学的高中生，高二可参加地理科目的学业水平考试；对于 2015 年入学的高中生，高二可参加地理、生命科学两门学业水平考试。

亮点 3：学业水平考试——从"游离"高考到纳入高考

原方案：目前，上海高中学业水平考试为合格性考试，共包含 10 门科目，高一考地理、信息科技，高二考历史、物理、化学、生命科学，高三考语文、数学、外语、思想政治。各科目书面成绩分为合格、不合格两类，其中合格成绩分为 A、B、C、D 四个等第。高中学业水平考试可作为本校本科目的期末考试成绩，学生必须 10 门全部合格才能从高中毕业，具备参加高考的资格，但不纳入高考成绩。

新方案：高中学业水平考试科目将变为 13 门，新增体育与健身、艺术、劳动技术 3 门。学业水平考试分为合格性考试和等级性考试两种，前者难度较小，后者难度较大。学生须从思想政治、历史、地理、物理、化学、生命科学 6 门备选科目中选择 3 门，参加等级性考试，每门参照原始成绩，根据全市学生比例折算标准分。最高 70 分，最低 40 分，中间分为 A、B、C、D、E 五等 11 档，每档差 3 分。语文、数学、外语可用高考成绩代替高中学业水平考试成绩，对于 6 门备选科目中未选的 3 门以及信息科技、体育与健身、艺术、劳动技术，学生参加合格性考试。

亮点 4：录取方式——从一个总分到兼顾单科成绩

原方案：按照当前的招生录取模式，录取时采用平行志愿的做法，教育考试院将考生总分按高低排列，从高分开始将学生"划拨"到所填报的高校和专业，高校具体专业可以提出招收文科或理科学生，但基本无法顾及单科学习情况。

新方案：在高考新方案框架下，高校具体专业可以对学生提出 0 至 3 门课程要求。比如应用化学专业，假如提 1 门要求化学，那么选考过化学的学生才有资格报考；假如提两门要求化学、物理，那么选考过化学或物理的学生可以报考。这样高校具体专业对所招收的新生可以有一定的学科要求。上海提出，原则上高校应提前 3 年，即在学生进入高一时即公布科目要求，2017 年的科目要求于 2014 年年底前公布。对于没有提出选考科目要求的高校，学生在报考该校时无科目限制。

改变用一个分数评价录取学生——解读上海高考综合改革试点方案四大亮点

第二十五问 学生怎么在心仪的高校选拔中脱颖而出？

——学业成绩和综合评价，一个也不能少，两者都要强

上海的张女士和丈夫均毕业于复旦大学，是一路挤着高考独木桥走过来的，原本打定主意让儿子也挤一挤这个独木桥，锻炼一下。但现在她有了新想法，"教育部门一直在强调新高考的平衡性、公正性，错是没错，但我们担心过分强调'非差异化'，对尖子生没好处，等级性考试怕是很难拉开尖子生和普通学生之间的差距"。

张女士觉得自己的儿子在未来的"新高考"中会"吃亏"，"他的物理、化学很出彩，以前选一门课，值150分，拔尖儿的孩子很容易和别人拉开差距，但现在，不行了。"她分析说，就算儿子三门等级课全拿了A+，也只比其他得A等的孩子高出最多9分而已，而语文、数学、外语拔尖儿的孩子，一门课一下子就能跟别人拉开十几、二十几分的差距。[①]

这不仅仅是张女士的担心，也是多数理科尖子生家长的忧虑。"在新一轮考试招生制度改革的背景下，积极开展综合素质评价是众多高校的必然选择。"清华大学招生办主任于世洁说。

[政策原文]

要改革招生录取机制，探索基于统一高考和高中学业水平考试成绩、参考综合素质评价的多元录取机制。高校要根据自身办学定位和

上海：新高考风向标下的忙与慌

---

① 王烨捷，周凯. 上海：新高考风向标下的忙与慌［N］. 中国青年报，2015-1-19（09）.

专业培养目标，研究提出对考生高中学业水平考试科目报考要求和综合素质评价使用办法，提前向社会公布。

——教育部《关于深化考试招生制度改革的实施意见》

[**权威解读**]

目前，高考综合改革试点地区和高校正在探索综合评价的方式和途径。现有的评价考生综合素质的途径包括两种：一是通过高中学校提供的综合素质评价档案，另一种是通过高校设定的综合评价测试。

各省市都建立了高中生综合素质评价电子平台系统，但具体评价方法不同。浙江省在 2015 年 4 月出台的关于学生的综合素质评价档案的文件中，学生的综合素质评价结果分为三等：A、B、C，分别代表"优秀""好""尚需努力"。并且规定以市或县级区域为单位，A 等比例不超过应届学籍人数的 25%，C 等比例不超过 5%。大学在招生录取时，可以对学生的综合素质档案登记提出要求。而上海市公布的方案中，学生的综合素质评价档案是写实记录和实证材料，信息管理系统会自行生成纪实报告，供高校招生参考使用。

这些综合评价测试有一个共同点，凸显了面试的重要性。对于高中生而言，要想在综合评价中的面试环节中表现突出，意味着在平时的学习生活中，明确自己的兴趣和理想，通过各种社会实践活动培养自己的领导力、社会责任感等方面的素养，将会变得越来越重要。

对于不评定等级的综合素质评价档案，如何能让高校招生人员眼前一亮，增加被录取的概率呢？清华大学招生办主任于世洁的建议是"重点突出，不要追求面面俱到"，这意味着高中生要及早了解自己倾心的专业和高校对人才素养的要求，并有针对性地记录相关的实践活动。不同的高校、不同的专业对学生的培养目标不同。例如，工程类专业的学生要求动手能力强，想报考这一专业的学生，平时必须加强动手操作能力，甚至"小时候曾经自己拆卸组装钟表"等记录，会成为档案中的亮点。

北京大学考试研究院院长秦春华：北京大学 2013 年就研发了综合评价系统，这套系统不再简单地以考试成绩作为衡量学生是否优秀的唯一标准，而是根据北大人才培养特色和需求，把考察重点转向更为重要的发展潜能、兴趣、理想抱负、想象力、逻辑思考与批判性思维、领导力、社会责任感等要素上来，为各类具有不同特点和创新潜质的优秀人才脱颖而出创造条件。这套系统将在 2017 年投入普通高考的招生环节。

在各个高校都如此重视"素质"的情况下，是不是成绩就不重要了？"绝对不是。"秦春华解释说，"国外的顶尖大学筛选学生的首要标准还是学业成绩，只不过他们最看重的不是入学考试成绩，而是学生在中学学习的课程及成绩。"

2015 年，北大、清华自主招生中已大幅度提升学生综合素质和平时学业表现的比重。因此，想要报考名校的同学，除了要做成绩上的学霸，还要注意在高中三年历练自己的"综合素质"，二者一个也不能少，两者都要强。

[**案例**]

各地、高校的做法：2015 年江苏省属 11 所高校推出"综合评价录取改革试点"中最明显的变化是，中学的"综合素质评价档案"首次以分数的形式计入总成绩，成为录取的"硬参考"。例如，江苏师范大学在录取时，考生的综合素质评价档案等级 A、B、C、合格分别按 5、3、2、2 分计量，该项成绩占总成绩的 5%。目前，综合素质评价的等级由中学评定，高校认中学的盖章，这需要中学制定严格的评价体系。

关于高校组织的综合评价测试，不同学校有不同的要求，体现了高校的招生自主权。2015年江苏高校的"综合评价录取改革试点"综合考量考生高考成绩、高校考核结论、高中学业水平测试成绩、综合素质评价以及高校自身培养特色要求等五个维度的内容；复旦大学、上海交通大学在浙江省的综合评价改革试点招生中，成绩总分由高考成绩、面试成绩和高中学业水平考试成绩组成，其比例为 6∶3∶1；浙江省的"三位一体"招生中，综合评价成绩由高考分数、综合素质评价和学业水平考试成绩组成，其比例由高校自主确定，高考成绩占比原则上不低于综合成绩的 50%。

第二十六问 什么是"三位一体"招生？

——学业水平测试、综合素质评价和高考融为一体

"三位一体"招生是一种融学业水平测试、综合素质评价和高考三方面评价要素为一体的多元化考招体系。

浙江省从2011年开始在两所高校率先试点"三位一体"综合评价招生，此后逐年扩大试点范围，到2014年，已有34所省内高校加入"三位一体"招生试点。另有浙江大学、上海交通大学和中国科技大学3所"985工程"高校加盟。另外，已有不少"985工程""211工程"高校表达加盟意向，日后将陆续公布。

[政策原文]

◎ "三位一体"招生如何进行呢

浙江省教育考试院的官网这样解释"三位一体"招生：**其实质是将成长性评价和一次性评价相结合，融学业水平测试、综合素质评价和高考三方面评价要素为一体的多元化招生考试评价体系。**其中综合素质评价包括中学综合素质评价和高校综合素质测试。

[解读]

《浙江省深化高校考试招生制度综合改革试点方案》指出，高校确定报考条件、综合素质测试内容和实施办法、综合成绩合成比例、录取规则等，在招生章程中公布。高考成绩占比原则上不低于综合成绩的50%。考生自主向相关高校报名，参加高校的综合素质测试，并按规定参加高考。高校组织专家组，根据考生高中综合素质评价等材

料，进行初次遴选；按照随机匹配、相互制约、全程录像、公平公正的要求，组织综合素质测试，进行再次遴选；按照综合成绩，择优录取。

与自主招生不同，参加"三位一体"综合评价招生的学生无需与学校签约，对高校的选择权是掌握在考生自己手里的，但需参加相应批次的高考志愿填报，并在高考相应批次提前阶段录取。浙江省教育考试院按试点高校试点专业的录取批次，将符合所报考高校招生章程中公布的录取条件的入围学生进行投档，由高校决定是否录取。已录取的学生，其他院校不再录取；如未被"三位一体"招生录取，则不影响其他院校的录取。

实施这种招生的主要目的是弥补单纯以高考分数选拔学生的不足，拓宽高考选拔多元化途径，强化学业水平测试和高校综合素质评价在招生录取中的作用。对高校来说，通过与统一高考的结合，体现其招生自主权，有助于高校选拔、挖掘到有潜质的学生；对考生们来说，"三位一体"招生满足了学生对于高考的选择性要求，即使你在高考中"小有失常"，没能考上相应批次的分数线，只要你在高校自主主持的综合素质测试中表现良好，仍有机会在提前批次中被心仪的学校录取。这就是"三位一体"招生受欢迎最主要的原因。

[案例]

有一个参加"三位一体"招生的男生，高考成绩570分，想上浙江工业大学的工商管理专业，但该校这个专业的录取分是600多分。虽然他的成绩没有上线，但浙工大最后还是录取了这个学生。因为在学校组织的综合测评中，招生人员发现他的综合素质特别好，口才很棒，组织能力出色。进入浙江工业大学一年后，这个男生的学业成绩便跃升为年级第二，还参加了浙江省挑战杯创业大赛并获奖，发展非常好。

"根据以往的数据，如果不参加'三位一体'招生，近50%的学生是进不了浙工大的。"浙江工业大学招办副主任姚鹏说，"这些学生的高考分数低于工大的录取线，为什么还能进来？因为他的会考和面试成绩很好。"浙工大的"三位一体"招生中，面试占的比重相对比较大。为了做好招生工作，浙江工业大学选派了优秀的面试官，5个专家面试1个学生，重点考查学生的学习潜质、科学思维、人文素养、社会意识、心理素质和个性特长等方面，依据这些方面来考查学生的专业能力和综合素质。

浙江工业大学招生负责人介绍说，"三位一体"招生更注重考查学生的专业倾向和专业培养潜质。因此，对某个专业有特别的兴趣爱好，专业认知度高，对今后的职业有一定规划和目标的考生，绝对是采用这种招生方式的高校首先青睐的对象。

第二十七问　今后高校录取还分批次吗？

——在电子档案时代，高校的录取排次会逐步取消

《2014年高招调查报告》显示，在生源规模下降、就业形势及当前录取制度的影响下，2013年全国多数二、三本院校招生计划均未完成，一些偏远高校和农林院校甚至无人问津。即便勉强招录的学生，也大都是调剂过来"混口饭吃"。网民"刘宝寅"坦言："按照目前的分批次录取方式，二、三流大学永远只能在重点大学挑肥拣瘦后吃点'剩食'。这些大学不可能录取好学生，因此便不能吸引最好的老师；不能吸引好老师，便不能录取好学生；没有好老师和好学生，办学质量如何提高？"[①]

我国自恢复高考以来，高校招生一直采用分批次录取的方法。在教育信息化还不发达的年代，由于招生的高校众多，不同类型的院校需要进行分期分批录取。各省招办严格按照批次和考试志愿投档，并按批次顺序录取。除了提前批外，批次越往后，录取的批次线会依次降低，因此不同批次的学校间，其办学实力、师资水平、专业排名等方面存在显著差异。

[政策原文]

《国务院关于深化考试招生制度改革的实施意见》指出，要"创造条件逐步取消高校招生录取批次"，"2015年起在有条件的省份开展录取批次改革试点"。

---

① 俞菀，吴振东．"分批次录取"遭公平质疑　高考录取呼唤改革．新华网，2014-06-23．

[**权威解读**]

北京大学教育学院文东茅教授：分批次录取限定了指定批次的机会，指定批次只能招录划定批次分数线上的考生，但实际上因为考生志愿填报与计划分布并不完全匹配，导致批次计划难以完成，而批次线下有很多学生未被录取，这就导致学生想上学却上不了，而高校想招生却招不满的情况。

"按批次招生是纸质档案时期留下的招生安排，主要是为了解决招生工作的顺序问题，往往是提前批或第一批先招高分的学生。"北京大学教育学院的文东茅教授解释道。

山东省教育厅副厅长张志勇："取消录取批次是本次高考制度改革中最重要的设计。"他认为，打破批次、按照专业来录取的原则使高校和学生之间按专业对接，意味着高中生可以按照自己的兴趣进行学习，这样整个人才培养体系就活了。

"现在都是电子化档案，考生档案可以同时发送给所有高校，所以对批次的需求降低了。"文东茅分析说，"将来会逐步取消学校的批次，但实际招生中，可能还会优先考虑学生的成绩，如 600 分以上者先录。对高校而言，理论上说，原来不属于一批的高校也可能录到高分学生，民办高校不会永远只是录取别人剩下的学生。"

对于上海的学生而言，这可能是喜忧参半的事情。第一、二批次合并后，意味着学生可以自由报考所有的本科院校，但填报志愿需要更加慎重。对于不服从志愿调剂、达到本科线的考生，一旦志愿不满足被学校退档，有可能面临直接"掉出"本科院校的情况。但总体而言，取消招生录取批次增加了高校和学生的选择权，学生的选择范围更大，也可避免扎堆报考带来的落榜风险。

[案例]

2014年上海市公布的高考方案计划在"2016年起,合并本科第一、第二招生批次"。

浙江省提出在2017年的高考中实现"录取不分批次"。

湖北省计划从2016年开始,将第一、二、三批本科三个批次调整为两个批次,今后会逐步取消高校招生录取批次。广西、福建、山东等地也合并了本科第二批次和第三批次。

第二十八问　在高考新政中，学生填报志愿的方式有变化吗？

——推行高考后填报志愿，使用平行志愿投档方式

统计数据显示，近年来，每年全国都有大量的"准大学生"因录取结果不理想而放弃进入大学。为什么那么多人"考而不上"？究竟是考生浪费了计划，还是计划限制了考生的选择？网民"快乐CUIFEN"的感受或许很有代表性："高考志愿填报真是复杂，研究了两天还是迷迷糊糊。看似分批多次填报，有了更多机会，实则步步惊心。第一志愿没录取，二、三志愿的重点院校也不要你。人品[①]好的，或许能勉强挤个补录；人品一般的，降档录取；衰到贴地的，只能服从调剂，扔到哪里是哪里。"[②]

这位网友说的是按顺序录取的志愿填报方式，也被称为梯度志愿。此外，按照志愿填报的时间，填报方式分为考前填报、考后估分填报、考后知分填报三种，各省采取的方式不同。

顺序志愿投档方式是指考生要在相应批次内依次填写几所高校为志愿学校。在录取投档时，将当前批次录取控制分数线上所有第一志愿报考某一高校的学生从高分到低分进行排序，按照高校招生计划数量的100%~120%的比例进行投档。因为顺序志愿填报方式的特点是"志愿+分数，志愿优先"，考生能否被志愿学校录取，不完全取决于成绩，而是取决于与自己分数大体相当的其他考生的志愿，所以会出现这位网友所说的"第一志愿没录取，二、三志愿的重点院校也不要你"的情况。

---

① 指运气。后同。
② 俞菀，吴振东. "分批次录取"遭公平质疑　高考录取呼唤改革[OL]. 新华网，2014-06-21.

平行志愿是考生可以在每个录取批次中填报若干所平行的高校，录取时按照"位次优先，遵循志愿"的原则，即将考生从高分到低分排序，依次检索其全部志愿院校，只要考生填报的院校中出现符合投档条件的院校，该考生的档案就会被投到该院校。

[政策原文]

推行高考成绩公布后填报志愿方式。创造条件逐步取消高校招生录取批次。改进投档录取模式，推进并完善平行志愿投档方式，增加高校和学生的双向选择机会。2015年起在有条件的省份开展录取批次改革试点。

——国务院《关于深化考试招生制度改革的实施意见》

[权威解读]

浙江省教育考试院院长冯成火：2008年教育部在全国推行平行志愿投档录取方式，目前，全国多数省份均采用此种方式。平行志愿改革比较成功，因为它扩大了考生的选择范围，降低了落选的风险，提高了公平性。但需要指出的是，平行志愿增加的是投档机会而不是录取机会，如果依然按照1∶1.2投档，还是会出现考生被退档的现象。

国家教育咨询委员会委员、中国教育发展战略学会学术委员会主任谈松华：如果淡化批次，学生可以根据专业填志愿，即使学生的志愿学校不是第一批次院校，学生也可以把它列为第一志愿。对学校而言，这种方式利于大学的专业建设，一些学校的好专业可以选到好学生。对于学生而言，可以实现一档多投，学生可以向多所高校多次投档。最终实现双向选择录取。

也就是说，即使你不是学霸，但在综合测评中表现突出，哪怕你的成绩只达到二本线的要求，也可以报考清华北大；只要清华、北大等一流学校认可你的综合素质，就可以录取你。

[案例]

《浙江省深化高校考试招生制度综合改革试点方案》提出考生志愿由"专业+学校"组成，而不是之前的"学校+专业"。北京大学教育学院教授认为，这是浙江的高考改革方案更合理的地方，不仅取消批次，也打破以高校为单位招生的惯例，按专业为单位招生，这就意味着一些重点高校的薄弱专业将面临更大的生源挑战，一些有高水平特色专业的普通高校也可以招收到高质量的学生。对学生而言，要更多地关注专业选择，同时也将免于被迫"服从专业调剂"，可以选择自己喜欢的专业。

第八章
怎样提高中西部地区和人口大省高考录取率

高等教育入学机会公平是教育公平的重要方面。由于多方面原因，中国区域间高等教育入学机会存在一定差距。新高考改革方案把"提高中西部地区和人口大省高考录取率"放在了相当突出的位置。一定有很多相关地区的家长想知道，这一新举措到底对自己的孩子意味着什么。也一定有许多学生关心，自己到底能否成为改革的受益者，以及能从哪些方面受益。

这不，来自云南红河哈尼族彝族自治州某国家级贫困县的高中生小李和来自山东临沂市某县的高中生小董，明年都将面临高考。看到新高考方案，成绩不错的小李心里一阵激动，同样成绩不错的小董则还有一些疑虑。

小李的激动是有原因的：近几年国家对中西部地区教育的倾斜力度加大，招生计划的增量主要投放至中西部。在控扩招的背景下，为响应国家支持中西部的政策，"985工程"高校和"211工程"高校纷纷调减在东部省份的招生计划，增加在中西部省份的招生计划。在考生数量一定的情况下，自然是招生计划越多越好。

小董的疑虑也和上述背景有关：山东作为东部省份，成了高校调减计划的省份之一。例如，2013年39所"985工程"高校中，有30所高校压缩了在山东的招生计划，与此同时，山东考生人数却在增加。受其影响，山东省2014年本科录取率降至近四年的最低值，仅为42.84%。然而，第六次全国人口普查数据显示，山东省常住人口为9579.3万人，人口规模仅次于广东省，位居全国第二，是一个名副其实的人口大省。按照新高考方案，以后山东高考录取率会不会继续降低？山东学生考大学会不会难度更大？……

第二十九问　为什么要提高中西部地区的高考录取率？

——补偿中西部教育"欠账"，促进教育公平

对于小李所在的云南红河哈尼族彝族自治州来说，以前，农村娃要想考上大学真不是件容易的事。光是地广人稀导致的上学远，就让很多孩子的上学路变得千难万难。有的孩子上学单程就要走上两个小时，常常天没亮就出发，到了冬天还得打着火把上路。到了学校，可能又累又饿，听课质量可想而知。老师教得好也就罢了，碰上照本宣科或者普通话都不规范的老师，能学成什么样？只有天知道。好容易初中毕业，一旦家里的光景不好，外出打工是最常见的出路。上大学对于一些贫困的农家孩子来说，根本是个遥远的梦。

当前，党和国家对推动区域协调发展提出了明确要求，构建社会主义和谐社会也要求更大范围和更高程度上的协调和公平。缩小差距、促进区域协调发展，已成为党和政府的工作重点。而缩小教育差距尤其是缩小入学机会差距也将成为国家公共教育政策的重要命题。

贫困地区的学校一直是我国教育事业发展的"短板"。治贫先重教，发展教育是减贫脱贫的根本之举。近几年，国家一直在提进一步增加贫困地区农村学生上重点高校的规模，也切实出台了许多扎扎实实的举措。大多数贫困地区不正是集中在中西部农村贫困地区尤其是集中连片特困地区吗？这次的高考改革方案，是将这一趋势真正落实到具体的文件当中。我们先来看看国家的改革方案是怎么说的。

[**政策原文**]

◎ 提高中西部地区和人口大省高考录取率

综合考虑生源数量及办学条件、毕业生就业状况等因素，完善国家招生计划编制办法，督促高校严格执行招生计划。继续实施支援中西部地区招生协作计划，在东部地区高校安排专门招生名额面向中西部地区招生。部属高校要公开招生名额分配原则和办法，合理确定分省招生计划，严格控制属地招生比例。2017年录取率最低省份与全国平均水平的差距从2013年的6个百分点缩小至4个百分点以内。

——国务院《关于深化考试招生制度改革的实施意见》

[**权威解读**]

对于高考改革，不同省份之间高考录取率存在差异是很多学生和家长最为关注的问题之一。

教育部副部长杜玉波： 高等教育入学机会公平是教育公平的重要方面。杜玉波坦言，由于多方面原因，我国区域间高等教育入学机会存在一定差距。这些年来，国家采取多项措施努力缩小这一差距，已取得显著成效。2013年全国高考平均录取率为76%，最低省份录取率达到70%，两者差距由2007年的17个百分点缩小到6个百分点。

国家教育咨询委员会委员、厦门大学考试研究中心主任刘海峰： 为确保考试招生的公平公正，让人民满意，国务院《关于深化考试招生制度改革的实施意见》专门提出"改进招生计划分配方式"，包括"提高中西部地区和人口大省高考录取率"等措施。

新高考方案提出，到2017年区域间高等教育入学机会差距缩小至4个百分点以内。从目前的6个百分点到4个百分点，虽然只有2%之差，但要实现并不容易。在高考录取率最低省份与全国平均高考录取率的差距已经降到 6 个百分点的情况下，要进一步缩小 2 个百分点，任务更为艰巨。

然而，高考制度本身就有维护社会稳定、促进社会阶层流动的功能，高考改革政策的制定应该要有维护社会公平的意识。同时，要使政策落到实处，最好还能制定一些比较具体的可操作的细则或办法。要将这一善政用好，确实需要进一步制定更加精细的政策，主要是防止外地来的高考移民。当然，即使无法做到尽善尽美，招生政策也仍然有必要向特定地区倾斜。

[域外视角]

◎ 美国的大学在招生上有没有倾向性？[1][2]

从 20 世纪 60 年代初期开始，美国政府正式推出"肯定性行动"政策。该政策旨在通过给部分少数族群成员提供等于甚或多于其他族群成员的机会，来缩小各族群之间社会经济地位上存在的巨大差距。这一政策在教育和就业上表现得尤为明显。

1996 年，美国高等教育领域历史性地进入"肯定性行动"之后的新时代。在这一年，美国人口第一大州加利福尼亚州根据选民的投票正式废除了其州立大学录取大学新生过程中考虑"族裔"因素的做法。到 1999 年，美国前四大州中的三个州，也是美国高中学生和大学学生最多的三个州，正式取消了大学录取中的"肯定性行动"的优惠措施。

三大州的改革，逆转了美国公立大学录取的政策走向。尽管美国

---

[1] 孙雁. "肯定性行动"后的美国大学录取：择优与多元之间的平衡 [J]. 民族社会学研究通讯，2012（4）：30.

[2] 王凡妹. 教育领域的种族/民族优惠政策及其社会效果——美国高校"肯定性行动"的启示. 民族社会学研究通讯，2012（4）：30.

的私立大学不受选民和法院意见的约束，但是其录取政策也受到了外界大环境的影响，开始收敛其明显考虑"种族优惠"的做法，取而代之的是强调新生家庭背景和构成的多元化。

当前，美国的一些民意测验结果显示，美国大多数民众（70%）继续支持某种形式的种族优惠政策。对他们来说，种族优惠政策本身没有错，只是形式上要更合理和公平。尽管美国大多数公立大学系统仍然在录取过程中考虑"族裔"因素，但由于各分校具体择生时又顾全了择优原则，使这种合理的种族优惠录取政策能够为公众所接受。

以美国的经验来看，美国政府在制定明确的优待性措施时，正是因为将种族或族群因素作为最重要的决定性因素，因而带来了种种问题。因而，改革的关键不是全面废除"族裔优惠"政策，而是改进其形式，使其更加合理和公平，对环境不利的族群要起到促进其努力上进的作用，而不是把优惠政策当为天然和普遍的特权。优惠政策也不应针对少数族群中的每一个人，而应该是对那些愿意努力上进、改变自身环境的学生的一种激励和奖励。在制定民族优惠政策时，如果能够将区域差异、城乡差异考虑在内的话，那么肯定要比单纯考虑"民族身份"的差别要合理得多。对此，美国学者霍洛维茨还曾经明确指出："在实行优待政策的要求不能忽视的地方，一个可采用的办法就是用地域代替民族特性作为确定受优待范围的根据。"

第三十问　实施"支援中西部地区招生协作计划"是为了什么？

——把高等教育资源增量向中西部地区倾斜

小董对高考录取率的担忧不是没有道理。他所在的山东省属于高等教育资源相对丰富的东部省份，山东的一些公办高校招生会在一定程度上受到国家政策导向的影响。例如，2014年，山东大学、中国海洋大学、中国石油大学（华东）这三所部属高校继续在山东减招。其中，以山东大学减招幅度最大。该校招办负责人在接受媒体采访时表示，由于该校承担的专项计划增加，在总计划没有增加的情况下，只能减招东部省份的计划。高校招生计划的这种调整，到底源自什么背景？

[政策原文]

深入实施高等学校教学质量与教学改革工程。进一步加大宏观调控力度，相对稳定招生规模，认真做好2008年全国高等教育招生计划安排和管理工作，实施支援中西部地区招生协作计划。

——教育部2008年工作要点

[权威解读]

◎ 来自国家层面的一次重要调整

近年来，随着我国高等教育的发展，适龄青年接受高等教育的机会不断增加，社会各界普遍关注的高等教育入学机会区域差距也呈不断缩小的趋势。但由于区域间经济和社会发展不平衡，高等教育资源分布的地区差异，以及历史、地理的原因，部分省份学生入学机会仍相对偏少。

教育部有关负责人：党和国家高度关注并一直致力于解决高等教育入学机会的区域差距问题。特别是2006年以来，教育部会同国家发改委，努力贯彻党的十六届六中全会提出的"坚持教育优先发展，促进教育公平"的要求，强化了对高等教育事业发展的宏观管理，采取了一系列宏观调控和政策引导措施：一是改进和完善招生计划安排模式，利用招生计划综合测算数学模型分配各地招生计划，努力做到高等教育招生计划分配的科学、公平和透明；二是在生源计划安排上，探索建立引导高教资源丰富的部分地区支援中西部地区的长效机制；三是加强对公共教育资源分配的宏观调控。要求中央部委高校在保持各地计划总量相对稳定的同时，将招生计划增量部分向中西部高等教育欠发达且生源质量好、数量多的地区倾斜，等等。

教育部有关负责人：2008年，为落实中央领导同志有关批示精神，教育部党组研究决定，在总结以往工作基础上，协同国家发展改革委员会实施"支援中西部地区招生协作计划"（以下简称"协作计划"），即每年从全国普通高校招生计划中专门拿出一部分，安排给高等教育资源丰富的省份，由其所属公办高校承担，专门面向中西部高等教育资源缺乏、升学压力大的省份招生。这项计划已于2008年开始实施，2014年度达20万人。7年来，相当于在中西部建设了80所万人高校。

这位负责人强调，可以预期的是，通过一段时间的努力，我国的高等教育入学机会的区域间不平衡状况必将得到明显改善，我国高等教育大众化进程将更加全面、深入地推进。

[案例]

2008年全国共安排协作招生计划3.5万人,由办学条件较好的天津、辽宁、吉林、黑龙江、上海、浙江、山东、湖北、广东、海南和重庆等11个省市的公办普通本科高校承担,面向升学压力较大、高等教育资源有限的内蒙古、安徽、河南、甘肃、贵州等5个中西部省区招生。

2009年"协作计划"扩大到6万人,协作计划输出省份增加到14个,比2008年新增江苏、福建和江西省,输入省份增加到6个,比2008年新增了山西省。

2010年全国共安排协作招生12万人(其中本科7万人),继续由高教资源丰富且录取率相对较高的14个协作计划输出省市承担,面向升学压力较大的山西、内蒙古、安徽、河南、广西、云南、贵州和甘肃等8个中西部省区。

2011年,教育部安排协作招生继续增加到15万人。在"协作计划"的直接影响下,中西部考生入学人数比2007年增加约52万人,8个"协作计划"输入省的高考录取率均超过60%,与全国平均水平的差距缩小到10个百分点左右,取得了良好的社会效应。

2012年,教育部等五部门发出《关于实施面向贫困地区定向招生专项计划的通知》,决定自2012年起,"十二五"期间每年在全国普通高校招生计划中专门安排1万名左右招生计划,增加贫困地区学生接受高等教育的机会。

2013年,国家在全国高校招生计划中专门安排18.5万个名额由东部高校招收中西部考生,使更多优质高等教育资源惠及农村、边远、贫困、民族地区的农家子弟。

2014年,"协作计划"总量增加到20万人,其中公办普通本科高校承担13万人,高职院校承担70万人。

截至2015年,已有北京、天津、辽宁、吉林、黑龙江、上海、江苏、浙江、福建、江西、山东、湖北、湖南、广东、海南、重庆等16省(市)的部分公办普通高校面向山西、安徽、河南、广西、四川、贵州、云南、西藏、甘肃、新疆等10省(区)实施协作计划,招生人数进一步扩大。

第三十一问　为什么要提高人口大省的高考录取率和严格控制属地招生比例？

——招生比例设置应参考人口基数和高校布局

据中国青年报报道，2015年3月8日，在全国两会上，人大代表李光宇为河南学子发声，替他们鸣不平。李光宇说："河南有全国1/13的人口、1/10的考生，从这个比例上看，河南应该有3所'985工程'大学、8所'211工程'大学，可河南现在只有一所'211工程'大学。"除了上述数字，李光宇还列举了一组数据：2009年，河南有98.8万考生，北大在河南投放的招生计划为79人，录取率不到0.01%，而北京有11.8万考生，却投放了282个名额，录取率是0.24%。对比录取率，河南学生上北大的难度是北京学生的24倍。李光宇希望国家能让更多河南孩子获得公平受教育的机会。

[政策原文]

提高中西部地区和人口大省高考录取率。各地和高校要综合考虑生源数量及自身办学条件、毕业生就业状况等因素，进一步完善招生计划编制办法。继续扩大实施"支援中西部地区招生协作计划"，进一步增加中西部地区和录取率相对较低省份的招生名额。中央部门所属高校要进一步完善招生名额分配原则和办法，合理确定分省招生计划，向重点高校录取比例相对较低的省份倾斜，继续适度降低属地招生计划比例。认真落实招收内地西藏班、新疆班高中毕业生计划。落实好内地高校招收新疆协作计划任务。

——教育部《关于做好2016年普通高校招生工作的通知》

[图解人口大省高考录取到底有多难]

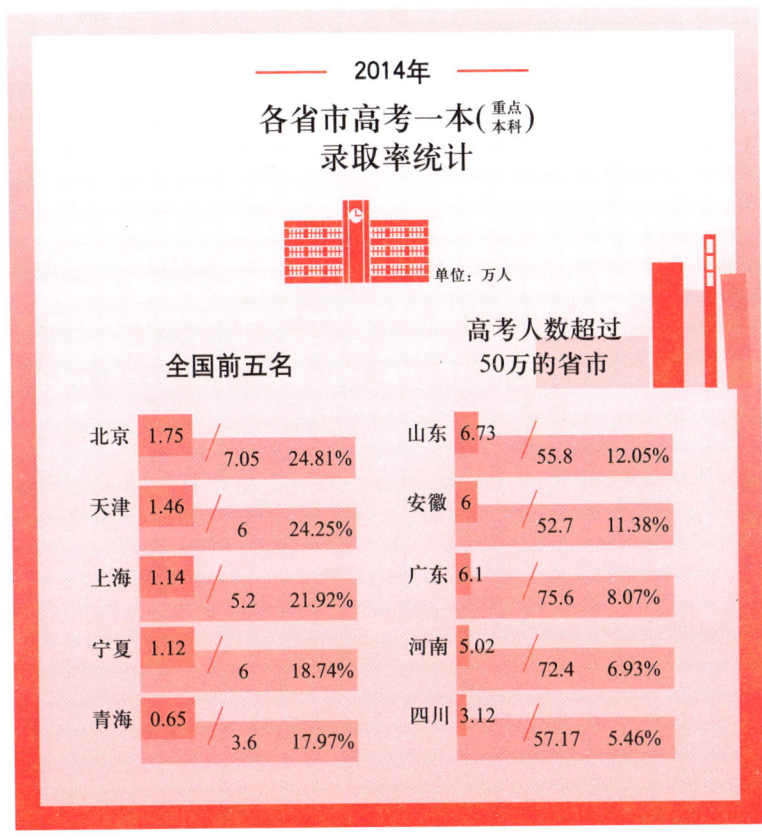

[权威解读]

关于招生计划分配，全国人大代表、湖北省人大常委会副主任周洪宇认为，在招生计划的分配上既不能搞绝对平均主义，仅仅简单地以人口基数分配，也不能一味强调按历年传统计划投放。要综合考虑各种因素，做到"四位一体"，第一是总人口基数；第二是考生基数；第三是当地"985工程"高校、重点高校数量，少的地方就多投一点，多的就相应少投一些；第四是历年的投放数。他建议，可以根据各个省份、各个高校的实际情况，把这四个因素按照100分的总分进行权重分配，建立数学模型，再综合各年的统计数据，使招生保持科学的动态平衡。

国家教育咨询委员会委员、厦门大学考试研究中心主任刘海峰：虽然部属高校属地招生的计划比例已经从2007年的34%降至2014年的22%，但还要继续努力，严加控制，加大投向中西部及入学机会偏低的地区，尤其是没有部属高校的13个省区。控制属地招生比例不仅要看部属高校在本省市招生的比例，更应该考虑该省市中央部属院校的数量、录取人数和全体考生的比例。因为目前我国部属高校布局很不平衡，多个人口大省只有一所部属高校或"985工程"高校，这与人口较少的直辖市有多所部属高校或"985工程"高校不同，因此控制属地招生比例还应根据具体高校的情况区别对待。

[案例]

有关统计数据显示，近年来，多所重点高校都将更多的招生计划投向了中西部，清华大学2013年录取来自中西部省份的学生人数占其全国录取总人数的50.9%，超过一半。同时，该校在保持全国各省份招生计划总量相对稳定的同时，重点向高等教育欠发达且生源数量相对较多、升学压力较大的中西部地区以及农村地区倾斜，对四川、河南、甘肃、山西、湖北、广西等省份扩大了招生计划投放。

从2014年开始，中央部属高校（如北大、清华、人大）均适度降低在属地的招生计划比例，将从属地调减的计划和高校新增计划主要投向高等教育欠发达且生源数量相对较多、升学压力较大的中西部地区。

第九章
如何让更多农村孩子上重点高校

杨睿是来自国家级贫困县河北省阜平县的一名农村学生。2014年,他的高考成绩618分,虽然没达到北京任何一所"211工程"院校的录取分数线,但最终跨过了分数的门槛,被"211工程"高校北京林业大学录取。

杨睿的圆梦并非偶然。为了让更多勤奋好学的农村孩子进入重点高校学习深造,保证偏远、贫困地区和农村学生平等的受教育机会,近年来,教育部持续扩大农村贫困地区定向招生专项计划,农村学生上重点大学机会不断增加。

新高考临近,像杨睿一样来自贫困地区和农村的考生关心的是:重点高校招收农村学生的政策有变化吗?报考条件有哪些要求?考生可享受哪些优惠政策?如何防范权力寻租和舞弊行为,让"寒门学子"真正受益?

第三十二问　重点高校怎么招收农村学生？

——"三大专项计划"定向招收农村学生

进一步促进教育公平，畅通农村和贫困地区学子纵向流动渠道，是新一届政府的重要施政理念。如何形成保障农村学生上重点高校的长效机制？这是社会各界尤为关注的问题。为贯彻落实《国务院关于深化考试招生制度改革的实施意见》和中央决策部署，教育部将继续实施农村贫困地区定向招生专项计划、农村学生单独招生、地方重点高校招收农村学生专项计划。

[政策原文]

农村贫困地区定向招生专项计划（以下简称"国家专项计划"）由中央部门高校和地方本科一批招生学校承担，2016 年安排招生计划 6 万名，比 2015 年增加 1 万名。

地方重点高校招收农村学生专项计划（以下简称"地方专项计划"）由各省（区、市）本地所属重点高校承担，安排招生计划原则上不少于有关高校本科一批招生规模的 3%。

农村学生单独招生（以下简称"高校专项计划"）由教育部直属高校和其他自主招生试点高校承担，招生计划不少于有关高校年度本科招生规模的 2%。

——教育部《关于做好 2016 年重点高校招收农村和贫困地区学生工作的通知》

畅通农村和贫困地区学生纵向流动的渠道。各地要结合实施情况，进一步完善实施区域划定、考生资格认定等相关政策措施，会同公安等部门，优化资格审核程序，为考生提供更加简便、有效的报考服务。有关高校要进一步完善考核选拔办法，合理确定录取条件，努力完成招生任务。有关工作具体安排另文部署。

——教育部《关于做好 2016 年普通高校招生工作的通知》

[解读]

2012 年 3 月，教育部、国家发改委等五部门联合发文，组织实施面向贫困地区定向招生专项计划。当年，21 个省市区、680 个贫困县的 1 万名学生成为首批受益者，以单报志愿、单设批次、单独划线的方式考入大学。

2013 年，指标增至 3 万个，拓展到 832 个贫困县，覆盖高校由 222 所扩大至 263 所。专项计划以农林、水利、地矿等贫困地区急需专业为主，在本科提前批结束后、本科一批开始前投档录取，定向生入学时不迁转户口，在校期间不转学、不转专业。

2014 年，"国家专项计划"招生人数增加至 5 万人。同年，教育部还启动实施了农村学生单独招生和地方重点高校招收农村学生专项计划，农村学生上重点高校人数比 2013 年增加 11.4%。

2015 年，"国家专项计划"由中央部门高校和地方"211 工程"高校为主的本科一批招生学校承担，招生规模为 5 万名。

2016 年，继续实施国家、地方、高校三个定向招生专项计划，国家专项计划从 5 万人增至 6 万人。

……

第三十三问　参加专项招生计划需要具备什么条件？

——明确区域，严格考生户籍、学籍条件

定向招生专项计划无疑增加了农村和特殊困难地区学生接受优质高等教育的机会，报考条件成为考生和家长最为关心的问题之一。那么，到底哪些考生有资格报考呢？

[政策原文]

国家专项计划实施区域为832个贫困县（包括所有集中连片特殊困难县和国家级扶贫开发重点县，含新疆生产建设兵团在新疆南疆三地州的22个团场），以及重点高校录取比例相对较低的河北、山西、安徽、河南、广东、广西、四川、贵州、云南、甘肃等省区。考生具有本省（区、市）实施区域当地连续3年以上户籍和当地高中连续3年学籍并实际就读、符合当年统一高考报名条件、父母或法定监护人具有当地户籍的，均可报考本省（区、市）实施区域的国家专项计划。有关省（区、市）可根据实际情况制订具体报考条件及实施办法。

高校专项计划主要招收边远、贫困、民族等地区县（含县级市）以下高中勤奋好学、成绩优良的农村学生。有关省（区、市）根据上述要求确定具体实施区域。申请考生及其父母或法定监护人户籍地须在本省（区、市）实施区域的农村，本人须具有当地连续3年以上户籍和当地高中连续3年学籍并实际就读、符合当年统一高考报名条件。考生户籍、学籍资格审核办法由有关省（区、市）研究确定。已经完成或正在推进户籍制度改革的地区，要根据《国务院关于统计上划分城乡规定的批复》（国函〔2008〕60号）有关要求，以及国家统计局公布的最新年度《统计用区划代码》和《统计用城乡划分代码》，确定考生户籍地区范围。

地方专项计划实施区域、报考条件和录取办法由各省（区、市）因地制宜确定。

——教育部《关于做好2015年重点高校招收农村学生工作的通知》

[权威解读]

教育部高校学生司相关负责人：为实现面向贫困地区定向招生政策的初衷，2015年在报考条件上，对考生的户籍、学籍做出了严格要求。报考国家专项计划的考生，考生本人须具有实施区域当地连续3年及以上户籍和当地高中连续3年学籍并实际就读、父母或法定监护人具有当地户籍，有关省（区、市）可根据实际情况制订具体报考条件及实施办法。报考高校专项计划的考生，考生及其父母或法定监护人户籍地须在实施区域农村，考生本人具有当地连续3年及以上户籍和当地高中连续3年学籍并实际就读。

[案例]

◎ 《2016年清华大学自强计划招生简章》简介

根据《国务院关于深化考试招生制度改革的实施意见》的精神，我校将全面贯彻落实党的教育方针，围绕"综合评价、多元择优、因材施招、促进公平"的人才选拔理念，结合自身办学特色和人才培养需要，继续开展2016年自强计划招生工作。

一、招收对象

主要招收边远、贫困、民族等地区县(含县级市)及县以下高中，自强不息、德才兼备、勤奋好学、成绩优良的农村学生，具体实施区域由各省(区、市)确定。考生本人及其父母或法定监护人户籍地须在本省(区、市)实施区域的农村，考生本人须具有当地连续3年(含)以上户籍和当地高中连续3年学籍并实际就读、符合当年统一高考报名条件。考生户籍、学籍资格审核由各省(区、市)完成。

二、报名方式

请登录"阳光高考平台报名系统"(http://gaokao.chsi.com.cn/gxzxbm)，注册并登录后按要求准确、完整地填写申请表，并经签字确认后扫描或拍照上传。上传的申请表内容需与报名系统内填写的电子数据内容完全一致，否则视为无效。

三、选拔程序

1. 初评：我校将组织专家组进行初评。专家组将从学生的家庭经济情况，自强精神，高中学习发展的特点及全过程表现，包括平时学业成绩、学科获奖情况、参与课外研究或学习的情况、参与社会工作/社团活动/社会实践/志愿公益活动的情况、综合获奖及突出事迹的情况、个人陈述及推荐情况等多方面进行综合评审。

初评结果分为：通过、不通过两档。"通过"学生可参加初试，"不通过"学生不能进入之后的考核评价环节。初评结果将在报名系统内公布并在我校本科招生网、教育部阳光高考平台公示，公示无异议后初评结果生效。

2. 初试：初评"通过"的学生需参加我校组织的初试，初试采用笔试形式，考试科目为：数学与逻辑、物理探究、阅读与表达，学生依据填报的专业类参加考试。初试结果将在报名系统内公布。

3. 复试：我校将根据学生初试成绩分省、分科类确定初试通过名单。复试内容包括综合面试、体质测试，均在清华大学校内进行。复试结果将在报名系统内公布。

4. 认定确认及公示：自强计划招生认定结果由我校招生工作领导小组讨论通过后在报名系统内公布，并在我校本科招生网、教育部阳光高考平台进行公示。公示无异议认定结果生效。

四、认定办法及优惠政策

我校将根据学生的初评成绩、初试成绩、复试成绩择优认定自强计划候选人，具体方法如下：

1. 根据初评成绩（满分40分）、初试成绩（满分200分）、复试成绩（满分60分）的总分，分省、分科类进行排序并择优认定。

2. 自强计划的优惠分值一般为30/40/50/60分，并可被邀请参与以下某些后续特殊培养环节：为学生安排勤工助学岗位，在工作中锻炼动手能力和提高综合素质，减轻求学压力和家庭负担；为学生安排专门的学习与发展指导，帮助其顺利地适应大学学习、生活；为学生配备优秀校友担任个人导师，指导其个人发展。

3. 对于可以获得自强计划认定优惠的学生，体质测试成绩优秀者，将给予额外的5分降分。

4. 获得认定的学生在高考填报志愿时需填报本省的相应批次，所填报的专业志愿需与被认定的专业类保持一致。

第三十四问 参加专项招生计划的考生将享受哪些优惠政策？

——增加选择机会，适当降分录取

符合报考条件的考生，接下来如何参加国家、高校、地方专项计划，入围后，他们又将享受到哪些优惠政策呢？

[政策原文]

国家专项计划招生办法和工作流程按照教育部等部门《关于实施面向贫困地区定向招生专项计划的通知》（教学〔2012〕2号）有关要求执行，对有政审、面试、体检等特殊招生要求的高校可安排在提前批次录取。有关省（区、市）要进一步优化工作流程，探索完善投档录取办法，增加考生选择机会。录取分数原则上不低于招生学校所在批次科类录取控制分数线，同批次内生源不足时，不得擅自将未完成的计划调整为普通计划录取，应通过多次公开征集志愿方式录取。经征集志愿仍未完成的计划，应适当降分录取，确保完成招生任务。

有关高校要结合农村学生特点及相关中学实际情况，进一步完善考生申请要求和考核录取办法。要充分发挥学科专家作用，认真审核考生申请材料，合理确定参加本校考核考生名单。有关高校和中学要创新服务举措，通过对家庭经济困难考生给予经济补贴、探索选派专家到当地开展考核或网络远程视频面试等方式，为考生顺利参加报名、考核提供便利和帮助。考核录取工作管理参照自主招生办法执行，录取工作实行单独填报志愿、单独投档录取，原则上与自主招生同时进行。入选考生高考成绩总分录取要求，原则上不低于有关高校所在批

关于实施面向贫困地区定向招生专项计划的通知

次科类录取控制分数线。

——教育部《关于做好2015年重点高校招收农村学生工作的通知》

[图解专项招生计划流程]

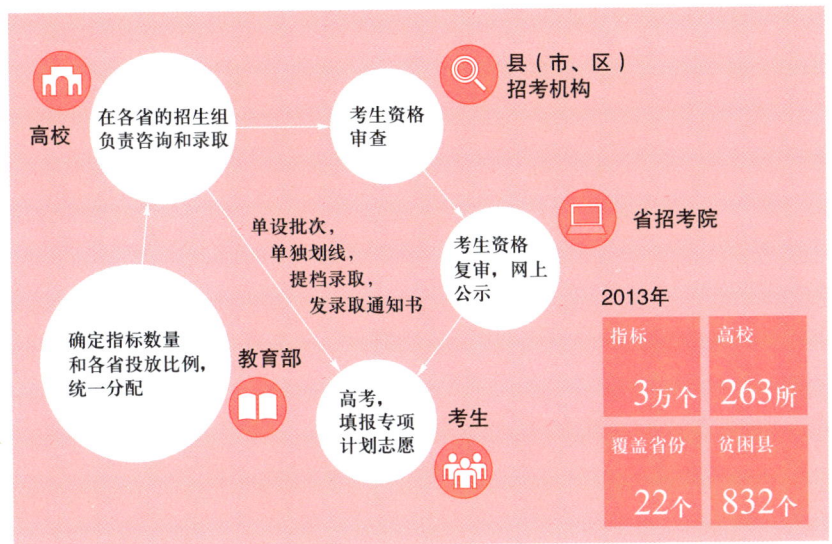

[权威解读]

清华大学招办主任于世洁：2015年，清华大学向申请自强计划的考生开放了7个专业类共26个专业，考生至多可以填报3个专业类，每个专业类中至多可以填报5个专业。清华大学将根据学生的初评成绩、初试成绩、复试成绩，分省、分科类进行排序并确定降分录取优惠及认定专业类，择优认定自强计划候选人，自强计划的优惠分值不低于30分，最高可降60分。对于可以获得自强计划认定优惠的学生，体质测试成绩优秀者，将给予额外的5分降分。

"自强计划"是清华大学承担社会责任，大力促进教育公平，尤其是给经济和教育欠发达地区考生创造机会公平的重要举措之一。学校高度重视"自强计划"学生的选育衔接，不仅在选拔时为他们提供经济资助，入校后也为他们解决实际困难，帮助他们尽快适应大学生活，并提供多种全方位提高他们能力的机会，将他们培养成为具有强烈社会责任感、自强不息的高素质人才。

学校为"自强计划"学生开通入学"绿色通道"，提供助学贷款和生活必需品，减轻他们的求学负担；优先为他们安排勤工助学岗位，让他们在工作中得到锻炼和提高；同时为他们安排专门的学习与发展指导，并配备优秀校友作为个人导师，帮助他们顺利适应大学学习、生活，并指导他们的职业规划和发展。

［案例］

教育部"阳光高考平台"陆续公布2016年全国重点高校对农村学生的单独招生计划。截至6日，北京大学、清华大学、中国人民大学、北京师范大学等9所在京重点高校已启动农村学生专项招生，录取优惠最高可降至一本线录取。2016年各重点高校仍将给予入选资格考生不同程度的降分政策。例如，清华大学优惠分值为30分、40分、50分、60分四档，考生最高可降60分录取；获得北大入选资格的考生，在高考录取时最高可获降至当地一本线录取的优惠政策；北京师范大学将根据招考情况给予资格考生文科降40分、理科降60分的优惠。

日前，广东省教育厅下发的《关于做好2016年重点高校招收农村和贫困地区学生工作的通知》（以下简称"通知"）引起了广大惠州市民的关注。通知中将2016年实施"高校专项计划"和"地方专项计划"的区域界定为原中央苏区县、欠发达革命老区县、少数民族自治县和原扶贫开发重点县。而在实施区域的30个县区中，惠东县成为惠州唯一入选区域，当地300个村（居）委会位列名单之中。

惠东县入选省"高校专项计划""地方专项计划"名单，对于当地学子而言，这无疑是一则重磅的利好消息。根据"高校专项计划"规定，招生任务由教育部直属高校和其他自主招生试点高校承担，安排招生计划不少于该校年度本科招生规模的2%。包括清华、北大、人大等名校在内的95所高校有"高校专项计划"招生资格，广东省的中山大学、华南理工大学也参与其中。此外，参加该计划的高校招生时不列分省计划，学生优秀即录取，没有本省名额限制。

以清华大学的"自强计划"为例，报考该校"自强计划"的考生可不受文理科限制，每人最多填报5个专业。考生选拔主要分初评、初试和复试三个环节，择优认定。获得"自强计划"认定的考生高考录取时可降30分、40分、50分和60分录取。而中山大学在其招生简章中也有注明，高考成绩达到所在省份一本控制线即录取。这意味着，符合条件的惠东考生，只要高考成绩达到一本线就有机会就读名校，录取分数将远低于统一录取。

网友"梧桐引凤"在帖子中提到，2016年我省"高校专项计划"和"地方专项计划"实施名单日前公布，惠东县位列名单上。看到这条消息，他作为惠州人表示欣喜。这项政策将让更多寒门子弟接受名校的高等教育，从而促进当地教育发展和人才的挖掘。但是他也表示担忧，"有的人会为了获得降分机会，将户口迁到惠东，从而影响'货真价实'的惠东人的录取机会"。

第三十五问　如何确保考试招生工作公平公正？

——强化资格审核，加大信息公开和违规查处

既然有这么好的优惠政策，名额是否会被冒用，万一被冒用了应怎么办？如何才能确保考试招生工作的公平公正呢？考生和家长难免有所担心。

[政策原文]

1. 强化资格审核和规范管理

各省（区、市）要根据本地户籍制度改革实际情况，认真研究制定国家专项计划、高校专项计划、地方专项计划的考生户籍、学籍资格审核办法，建立教育、公安等部门联合审核工作机制，确保考生户籍、学籍真实准确。各省级教育行政部门、招生考试机构和有关高校要认真细化实施方案，严格执行有关招生政策规定和招生计划，规范工作程序和流程，严格审查考生投档和录取资格，严防资格造假和违规录取。有关高校不得录取不符合实施区域和学籍、户籍等要求的考生。

2. 加大信息公开和社会监督

各省（区、市）和高校要建立和完善分级负责、规范有效的国家、地方、高校、中学等多级高校招生信息公开机制。严格落实招生信息"十公开"，及时公开招生政策、招生资格、招生简章、招生计划、考生资格、录取程序、录取结果、咨询及申诉渠道、重大事件违规处理结果、录取新生复查结果等信息。有关招生考试机构和中学要及时公开有关专项计划实施区域，公示户籍、学籍资格审核通过的考生名单（包括考生姓名、学籍所在学校、本人及父母或法定监护人户籍所

在地等信息）。有关高校要及时公示高校专项计划的参加学校考核考生名单、考生考核成绩、合格标准、入选资格考生名单、录取结果等信息，接受社会广泛监督。

3. 严查各类违规违纪行为

各省级教育行政部门、招生考试机构和高校要严肃工作纪律，加强监督检查，建立申诉举报机制，及时回应处理各种问题。对违规违纪的部门、机构、学校、考生和工作人员，要依据《国家教育考试违规处理办法》（教育部令第 33 号）和《普通高等学校招生违规行为处理暂行办法》（教育部令第 36 号）严肃处理。涉嫌犯罪的，移送司法机关处理。

4. 加强政策宣传解读工作

各级教育行政部门、招生考试机构和有关高校要认真履行职责，主动深入农村地区和中学广泛开展多种形式的宣传解读，解疑释惑，让广大考生充分知晓相关招生政策内容，鼓励优秀学生踊跃报考。

——教育部《关于做好重点高校招收农村学生工作的通知》

[权威解读]

教育部部长袁贵仁：2013 年贫困地区定向招生专项计划由 1 万扩大到 3 万，覆盖地区的农村户籍学生进入重点高校的人数比去年增加 8.5%。2014 年继续实施"支援中西部地区招生协作计划"，扩大"农村贫困地区定向招生专项计划"规模，调整完善招生规则。

各地各高校都要建立健全逐步提高招收农村学生比例的有效机制，并将每年招收农村学生比例向社会公开。"让更多部属及省属优质高等教育资源惠及农村学生，促进社会纵向流动，形成巨大的人才红利。"袁贵仁说。

确保公平公正是社会各界最为关心的问题。袁贵仁说，确保公

《普通高等学校招生违规行为处理暂行办法》及答记者问

平公正最重要的是理清责任、落实责任。不讲责任，不追究责任，再好的制度也是一纸空文。他强调，要抓紧完善并严格执行责任追究办法，健全责任分解、检查监督、倒查追究的完整链条，有错必纠，有责必问。

[**案例**]

北大"筑梦计划"招生录取工作接受纪检监察部门、考生、家长以及社会各界的监督。学校纪检监察部门将全程监督初审和测试过程，测试过程全程录像，并且向社会公布北京大学招生监督电话。北京大学将按照教育部的要求将参加考核的考生名单、入选资格考生名单、录取考生名单及相关信息进行公示。相关中学应按教育部要求公示所有经确认推荐的考生名单及相关材料。

第十章
如何完善中小学招生办法破解择校难题

"中考考上了一般的重点高中,有必要择校上更好的高中吗?"一位网友发问。

有热心的网友这样回答:"这要看你家的经济状况了,要和自家家情相结合。"在这位热心网友看来,择校当然有好处,比如有好学校往往有好的学风、校风、班风,并且用校友的人脉资源来"诱惑"那位发问的网友,"优质的人脉关系将会使你的人生之路平添几分色彩,这些重点学校的'童鞋'(谐音"同学")将来可都是各行各业的精英。有了这些资源,你的未来才能如虎添翼。"当然,热心网友也忠言劝告,"高昂的择校费用确实让普通老百姓家庭很是头痛,所以还是要靠自己坚持不懈的努力才是王道,懂了吗?"

这番话说得头头是道,似乎不择校就没有出路了。但是,择校难度有多大?或者,择校还行得通吗?择校之疾源起何处?如何医治呢?

第三十六问 "名校"是如何形成的？

——教育资源分配不均衡、招生制度不完善

"进不了好小学，就进不了好中学；进不了好中学，就进不了好大学；进不了好大学，孩子这辈子就完了。"这句话好似绕口令，却真实地表达了许多中国家长望子成龙的心声，也道出了择校家长的真实想法。

[政策原文]

完善中小学招生办法破解择校难题。推进九年义务教育均衡发展，完善义务教育免试就近入学的具体办法，试行学区制和九年一贯对口招生。改进高中阶段学校考试招生方式。实行优质普通高中和优质中等职业学校招生名额合理分配到区域内初中的办法。进一步落实和完善进城务工人员随迁子女就学和升学考试的政策措施。

——国务院《关于深化考试招生制度改革的实施意见》

[权威解读]

国家教育咨询委员会委员、中国教育发展战略学会学术委员会主任谈松华："名校"的形成，有的是历史积淀形成的，在长期的办学实践中发展成为"名校"，这值得鼓励。但有的"名校"是特殊扶持、人为造成的，这就不符合"均衡"的要求。但家长一眼盯着"名校"，因为上名校意味着孩子就读"名牌大学"的概率无形中增加了不少。"名牌大学""好专业"和自己以后的工作地位息息相关，如果不能考个好大学，以后就会沦为社会的"下层"，为此，高考依然是

众人改变自身生活条件的一项重要途径，这就必然会带来"择校热"和"高收费"等一系列问题。

国家教育咨询委员会秘书长、国家教育发展研究中心主任张力：目前，为了让孩子"赢在起跑线上"，家长使出浑身解数让孩子上"名校"。中国很多家长为孩子选择所谓好的中学和小学，虽可以理解，但并不符合科学的逻辑，不值得宣传和推广。

第三十七问　择校之疾的病灶在哪里？

——片面追求升学率和稀缺的优质教育资源

"女儿才刚过 19 个月，似乎我现在谈论上学的话题有些太早了。不过，孩子嘛长得快，没几年，也就是一眨眼的工夫就该上学了，这样的事情总是要思考的，早晚都要面对。从还没有孩子的时候我就在想，将来我家孩子上学一定要选择最好的！也许是我站着说话不腰疼吧，毕竟我和我丈夫都是老师，孩子可以上我们任教的学校，不需要那么多麻烦。虽然我所在的学校也属于区重点小学，好多家长都以将孩子送到我们学校为荣，但相比之下，将来我的女儿一定要跟着我丈夫到他所在的省级重点小学去上学，因为那里的硬件、软件都是优秀中的优秀，选择那里是毋庸置疑的，也是必须的，不求最好，只求更好。"这是一位妈妈在论坛里面写下的话，身为教师家庭，女儿刚刚 19 个月就已经开始择校，这让多少普通家庭情何以堪？

为了让孩子上个好学校转户口、买学区房，倾举家之力也在所不辞，成了很多中国家庭的写照。那么，择校究竟有何问题？对于择校之疾，究竟应该如何破解？

[权威解读]

山东省教育厅副厅长张志勇：综观当今中国教育，随着教育优先发展战略的逐步实施，穷国办大教育的局面已经改变，国家教育投入和教育资源总量大幅增加，完整的教育保障体系已建立，各地不乏成功实施素质教育的个案。但总体来看，恶性的升学竞争犹如魔力巨大的指挥棒和紧箍咒，迫使一代又一代国民自孩提时代开始就奋不顾身地投入到应试教育的怀抱："不能输在人生起跑线上"，成为绝大多数年轻父母苦涩而坚定的信条；小学择校高烧不退，初中高中父母陪读俯拾即是；专业机构监测显示，中小学生过重的课业负担仍在持续，甚至加重；国家对课程的要求在很多地区未能执行，周课时超标、周末补课、音体美课程和科学课程的实验不开或少开等不规范办学行为仍然相当普遍，这些现象在一些农村地区尤为严重。

厦门大学考试研究中心主任刘海峰："择校"是中国传统文化中高度重视子女教育这一因素的社会体现。受历史上重视教育、读书至上传统的影响，现今多数中国人都有高度重视甚至过度重视教育的观念，除非万不得已，多数父母一般都不愿让孩子失去升学机会。家长对孩子读书成长的期望很高，希望他们成龙成凤。1992年，台湾作家黄春明曾形容台湾的年轻妈妈都是"教育狂热分子"。大陆的年轻母亲又何尝不是如此？在子女教育方面，许多家长在督促子女学习方面往往不切实际。现在中小学生的学习和升学压力不只来自学校，更多的是来自于家长。当初中改为划片就近入学之后，小学师生的课堂教学压力已明显减轻，但许多家长却要求学校对孩子多加管教，或在晚上及休息日另找家教补习。看看我们周围的家长如何牵挂子女的学习成绩，怎么为子女进重点学校奔走努力，如何以比子女更焦虑的心情陪同前往高考考场，如何放下一切事务到校参加学校召开的家长会……大家便明白，中国人积极向学的传统是多么顽强。即使是移居欧美国家的华人，在鼓励子女学习方面，也明显地比西方人更热切一些。

国家教育咨询委员会秘书长、国家教育发展研究中心主任张力：目前大家都在提倡绿色教育，就是要体现教育的本质属性，强调人性化。理想的绿色教育就是坚持教育的可持续发展，充分借助正规的教育体系。在孩子成长的不同年龄阶段，应遵从其身心发展规律，教育的可持续发展不能停留在口号上，要充分尊重个性发展，并兼顾全面发展，尽可能让孩子们有充分的游戏时间和社会实践，不能成天被过重的课业负担压得喘不过气来。

国家教育咨询委员会委员、中国教育发展战略学会学术委员会主任谈松华：基础教育是大众教育，但老百姓想让孩子接受"精英教育"的愿望可以理解，在政府保障每一个孩子获得公平接受基础教育的前提下，如果有超越基本的更高需求，可以通过选择优质的民办学校等方式来解决。教育部门要处理好"大众教育"和"精英教育"的关系，既保障每一个孩子均等接受基本教育的权利，也要让那些有才能的孩子得到发展。家长要理智对待"择校"，不要"跟风"。

［域外视角］

◎ **英国家长也有"择校难"**

随着新一批小学生9月入学，英国教育部门开始向全国60万儿童发放小学录取通知书。令英国家长苦恼的是，受生育潮、移民潮等因素影响，适龄儿童人数远多于学校招生数。2015年，英国大约有8万名儿童的第一志愿落空，甚至可能有超过2万名儿童的所有志愿都落空，只能接受电脑派位。

在一些孩子较多的地区，预计每10名儿童中便有4人无法进入志愿填报的学校。英国家长普遍为孩子入学而感到焦虑，将近1/4的家长选择购买或租赁学区房。一些家长甚至弄虚作假，伪造信息。目前已经查出几个类似的欺诈案例。

◎ **美国择校也"拼爹"**

在美国，学生严格按住址"就近入学"，地址一旦定下来就不能"择校"。但事实上，许多美国父母也为孩子的就学问题左右为难。到底是送孩子去邻近社区、费用低廉但拥挤的公立学校，还是去学费昂贵但声誉卓著的私立学校？家长们往往权衡再三。即使进入一所学校也有烦恼，因为即使在小学，也可能有资优班与普通班的差别。

孩子达到上学年龄之前，美国的家长就开始打听附近学校的情况，从网上找到各种各样的资料和信息，听专家有关择校的指导。家长们不仅关心学校评级、学生学习测验成绩、班级人数多少等基本情况，还会参观学校，考察学校开设的课程，观察教师在课堂上如何教学，校长如何引领学校教职人员等。

许多美国父母所用的另一种方法就是买学区房。在美国，公立学校学生的分数与房价呈正比关系。根据俄亥俄大学最近发表的一份报告显示：公立学校学生的能力测验成绩会影响这个地区的房屋价值。

CNN《金钱》网站也报道，在一所学生分数较高的公立学校附近，平均房价比一所学生分数较低的学校附近的房价高出20.5万美元。在分数较高的学区，附近的房子通常也多出1.5个房间，且出租房源较少。此外，在较好的学区，居民应该缴纳的地方税税率较高。住房成本平均每年多出1.1万美元。

另一个择校办法就是在好学区租房。在美国，只要是住在这一片的居民都有权利上本区的公立学校。很多注重孩子教育，又暂时不能买房的美国父母就只能在好学区租房。

为了送孩子上好学区，也有一部分美国父母使用亲戚、朋友的地址给孩子报名上学。曾有一位单身母亲因使用她父亲的地址为自己的两个女儿登记而被捕，学校还要求她支付罚款以补偿为两个孩子减免的学费。还有父母甚至让自己住在好学区的兄弟姐妹收养自己的孩子。近年来，美国许多学区严格查看新学生的住所登记证明，有时竟会采用清晨突击家访等方式，以查清学生的真实住址。

第三十八问　如何破解"择校"问题？

——改择校招生为划片招生，均衡配置教育资源

"择校热"已成为我国基础教育的"顽疾"。那么应该从哪些方面寻求解决之方呢？

[政策原文]

一、科学确定划片方式

在教育资源相对均衡的地方，要积极通过单校划片的方式，落实就近入学的要求。在目前教育资源配置不均衡、择校冲动强烈的地方，要根据实际情况，积极稳妥采取多校划片，将热点小学、初中分散至每个片区，确保各片区之间大致均衡。实行多校划片的，应通过随机派位方式分配热点学校招生名额。派位未能进入热点学校的学生，仍应就近安排至其他学校入学。对于群众高度关注的热点学校，要加快推进学校联盟、集团化办学、校长教师交流轮岗，发挥其辐射带动作用，扩大优质教育资源覆盖面。

二、合理确定片区范围

区（县）教育行政部门要在上级教育行政部门指导统筹下，根据适龄学生人数、学校分布、所在社区、学校规模、交通状况等因素，按照确保公平和就近入学原则依街道、路段、门牌号、村组等，为每所义务教育学校科学划定片区范围。鉴于一些地方人口分布和学校布局具有不均匀性、街区形状具有不规则性，就近入学并不意味着直线距离最近入学。要充分考虑可能影响公平的各关键要素，确定相对科学的划片规则，确保适龄儿童、少年整体上相对就近入学。片区确定后，应在一段时期内保持相对稳定。

三、完善划片工作机制

对于新建学校或新建居民小区的划片，以及需要对现行片区进行调整或准备实行多校划片的，区(县)级教育行政部门要按照现代治理理念，完善各利益相关方参与的划片和片区调整工作机制，强化划片工作程序和内容的公开、公平、公正，提升划片结果的公信力。要充分发挥社区、居委会的作用，及时化解划片、招生、入学工作中出现的矛盾和问题，实现共治共享。划片及片区调整工作备受关注，应当提前广泛告知，设立必要的过渡时限，给社会留出合理的预期时间。

——教育部《关于做好2016年城市义务教育招生入学工作的通知》

[权威解读]

国家教育咨询委员会秘书长、国家教育发展研究中心主任张力：择校主要体现在"上名校"上。择校现象受制于大环境，只有大环境宽松了，才会有所缓解。目前，社会上所谓的名校如果能够均衡化，也不存在"择校"问题。

山东省教育厅副厅长张志勇：家长择校深层次的原因是教育资源不均衡，尤其是优质教育资源稀缺。这几年国家已经在加大力度解决教育均衡问题，但这个过程会很长。特别是要真正把师资配得差不多，每个学校长期的文化积累、氛围、校风等都搞得均衡，这只能是一个理想状态。

国家教育咨询委员会委员、中国教育发展战略学会学术委员会主任谈松华："择校"是一个全球性问题，各国都有，确实令人头痛，但我国正在慢慢创造条件来解决。《教育规划纲要》指出，切实缩小校际差距，着力解决择校问题。加快薄弱学校改造，着力提高师资水平。实行县（区）域内教师、校长交流制度。实行优质普通高中和优质中等职业学校招生名额合理分配到区域内初中的办法。义务教育阶段不得设置重点学校和重点班。在保障适龄儿童少年就近进入公办学校的前提下，发展民办教育，提供选择机会。十八届三中全会报告明确提出，统筹城乡义务教育资源均衡配置，实行公办学校标准化建设和校长教师交流轮岗，不设重点学校重点班，破解择校难题，标本兼治减轻学生课业负担。

[案例]

◎ **北京市：绘制教育新地图**

从2014年起，北京就建立了全市统一的小学和初中入学服务系统，并对义务教育阶段入学实行计划管理。幼升小和小升初学生均须在入学服务系统中进行信息采集、入学过程记录和学籍生成。通过小学和初中入学服务系统，各区县可预测区域教育需求，做好入学服务，同时信息化手段也有助于规范入学流程，保障公平、公正。对义务教育阶段入学实行计划管理，是由各区县根据入学需求预测，按照区域学龄人口数量、小学毕业生数量和中小学办学规模制订小学、初中的招生计划并报市教委备案。招生计划一旦确定，学校不能随意更改。

在小升初环节，北京市明确区县在小升初过程中实行单校划片或多校划片。单校划片采取对口直升方式招生，即一所初中对口接收片区内所有小学毕业生。多校划片则是先征集入学志愿，对报名人数少于招生人数的初中，学生直接入学；对报名人数多于招生人数的初中，以随机派位的方式确定学生。随机派位由区县教委统一组织，邀请相关单位和家长代表参与。

由北京市教委发布的2014年北京市中小学入学规定，全面遏制了北京义务教育阶段以钱择校、以分择生、以权入学等不良行为。2014年，北京中招也全面取消择校生，并严格执行招生计划。北京中招的整个过程，从一开始制订招生计划，到最终的录取和政策执行等，均凸显了规范、严肃和透明的特点。

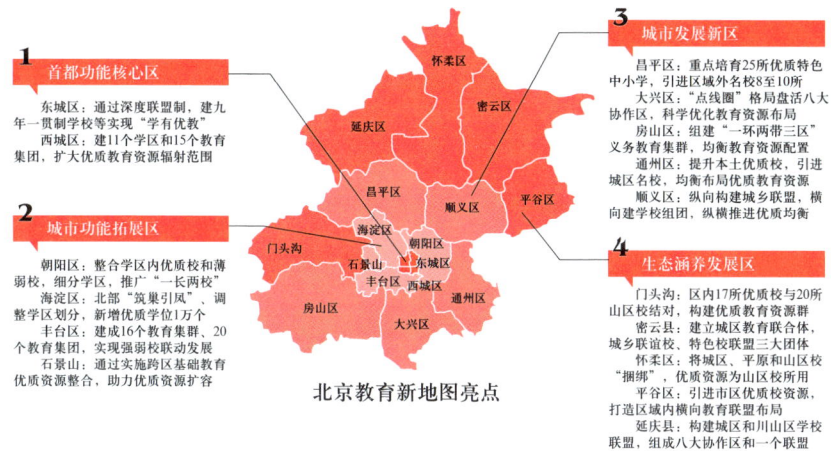

北京教育新地图亮点

◎ 陕西省：2015年起普通高中不再招收择校生

为深化陕西省基础教育考试招生制度改革，规范普通高中学校招生入学行为，陕西省高中招生制度做出了若干调整，从2015年起全省公办普通高中不再招收择校生，同时要求陕西省省级示范性普通高中、省级标准化高中不低于50%的统一招生计划定向分配到所在区县内的薄弱初中学校，分配到薄弱初中的计划不得再设置附加条件，分配情况要提前向社会公示。

在陕西省初中学校参加2015年初中毕业学业考试的随迁子女和军人子女，享受报考省内普通高中的同等权利。体育艺术特长生的招生人数要严格控制，招生条件和办法由各市区教育部门统一制定，学校不得随意扩大特长生的招生规模，变更招生方式。对于综合素质和学业考试优秀的初中毕业生可实行保送生制度，保送生比例不得超过毕业生总数的1%，保送学生信息必须在其所在初中学校公示。

第十一章
上高职院校，如何成就人生梦想

新一轮高考改革，明确要加快推进高职院校分类考试，引发了社会广泛关注。那么，为何要实施高职院校分类考试？与普通高校招生考试相比，高职院校分类考试采用什么样的评价方式呢？

来自湖北的小刚今年上高二，由于成绩并不突出，加上每年湖北考生多、竞争激烈，他认为自己通过高考考上理想的本科院校比较困难。听说国家正在推进高职院校分类考试，小刚有很多疑问：高职院校分类考试是什么？与普通高考有什么区别？高职院校分类考试怎么考？参加高职院校分类考试将来能考上好学校，能找到好工作吗？能实现人生成功吗？小刚向其班主任请教，但班主任也不是很了解。毕竟，教师更关注的是鼓励学生考上本科院校。

第三十九问　为什么要加快推进高职院校分类考试？

——尽早选择适合自己的教育，减轻高考备考负担

[政策原文]

加快推进高职院校分类考试。高职院校考试招生与普通高校相对分开，实行"文化素质＋职业技能"评价方式。中职学校毕业生报考高职院校，参加文化基础与职业技能相结合的测试。普通高中毕业生报考高职院校，参加职业适应性测试，文化素质成绩使用高中学业水平考试成绩，参考综合素质评价。学生也可参加统一高考进入高职院校。2015年通过分类考试录取的学生占高职院校招生总数的一半左右，2017年成为主渠道。

——国务院《关于深化考试招生制度改革的实施意见》

[权威解读]

◎ 减轻学生高考备考负担

教育部部长助理林蕙青：加快推进高等职业院校的分类考试是国家深化考试招生制度改革的一个重大举措。

职业教育是面向人人、面向社会的教育，担负着培养多样化人才、传承技术技能、促进就业创业的职责。目前，我国高等教育的规模已经位居世界第一，高等教育的毛入学率达到34.5%，全国共有近2500所高等学校，其中高职院校1300多所。在这样的背景下，将高职院校的考试招生与普通高校的考试招生相对分开，既有利于适应高职院校的办学定位和选拔、培养技术技能型人才，也有利于一部分学生尽早

选择适合自己的教育，减轻高考的备考负担。

教育部教育发展研究中心主任、国家教育咨询委员会秘书长张力： 高职院校在考试内容、评价方式和时间安排上与普通高等学校分开，方便学生充分选择适合自己的教育，目的是适应经济发展方式转变、产业升级、扩大就业的实际需求，紧密配合现代职业教育体系建设，为培养高素质技能型人才做好准备。

[案例]

高职单招是单独招生的一种。招生对象为已参加普通高等学校招生统一考试报名的考生（含中职应届生）。考生参加单独招生考试，若被正式录取，无须参加全国统一高考，未被录取的可继续参加全国统一高考。已被录取的考生享受与普通高校招生统一考试录取的新生相同待遇。2016 年 1 月以来，各地高等职业院校单独招生工作相继启动，多个省份扩大了高等职业院校单独招生的范围和规模，四川、江苏、宁夏等省份参与试点的高职院校和联考单招专业类别均有不同程度的增幅。

四川省 2016 年将有 47 所高职院校在该省进行单独招生，比 2015 年增加 8 所。首次进行单独招生的院校的单招计划数原则上控制在学校年度招生规模的 20% 以内，单独招生考试专业不超过 6 个。其他院校招生计划数可控制在学校年度招生规模的 30% 至 50%。

江苏省 2016 年参与试点的高职院校继续增加，达到 45 所。试点院校单招的计划数原则上控制在本校年度招生总计划的 30% 以内，2016 年新增院校不超过 10%。

宁夏将从 2016 年启动实施高职院校分类考试招生改革，推进高职院校与普通高考相对分开，实行"文化素质＋职业技能"的评价方式。

第四十问　高职院校分类考试采用什么样的评价方式？

——实行"文化素质+职业技能"的考试评价方式

2017年，每年近千万考生中至少有一半能从统一高考竞争压力中解放出来。为什么这么说呢？原来，到2017年全国分类考试录取学生将会成为主渠道。所谓全国分类考试，可以理解为另一种模式的考高。今后，高职院校考试招生的方向将与普通高校相对分开，实行"文化素质+职业技能"的评价方式。通过分类考试招生进入高职院校的考生，其计划性质、在校待遇、毕业生就业政策以及毕业文凭等均与通过高考统考录取的考生完全相同。

分类入学就是要打破以往"一考定终身"的模式，给学生提供多种升学发展的选择渠道，减轻部分学生的升学压力。今后，高职院校分类入学将与统一高考相互并行，形成多元录取的一种新常态，并将成为考生进入高职院校的主渠道。那么高职院校分类考试究竟采用什么样的方式？未来高职将会如何录取呢？

[**政策原文**]

加快推进高职院校分类招考。各地要加快推行"文化素质+职业技能"评价方式，积极探索在高职分类招考中使用学生综合素质评价结果。

——教育部《关于做好2016年普通高校招生工作的通知》

[权威解读]

教育部部长助理林蕙青： 关于高职院校分类考试改革，有一些省市已经开展了改革试点，现在在试点基础上要加大改革的推进力度。具体的改革举措有以下几个方面：

第一，高职院校的考试招生在考试方式、内容、时间上与普通本科院校的考试招生相对分开，实行"文化素质＋职业技能"的考试评价方式。考生如果参加了分类考试，并且已经被确定录取之后，可以不参加高考。

第二，明确了普通高中毕业生和中职院校毕业生参加考试的方式。中职院校毕业生报考高职，参加由省（市）或者学校组织的文化基础与职业技能相结合的测试，普通高中毕业生报考高职院校参加职业适应性测试，文化素质部分的考查使用其高中学业考试的成绩，参考综合素质评价。

第三，考虑到考生的心理和一些需求，继续保留考生通过参加普通高考进入高职院校的通道。2015年，通过分类考试录取的考生占高职院校招生总数的一半左右，到2017年成为主渠道。

教育部教育发展研究中心主任、国家教育咨询委员会秘书长张力: 改革高职院校招生录取制度的主要依据是普通高中和中职学校毕业生的文化素质水平、职业技能（职业适应性）状况考查，部分地区还将试点注册入学。

[案例]

◎ **陕西省高等职业教育考试招生制度改革的主要内容**

2015年陕西省所有普通高等职业教育院校（含普通高等职业院校、举办普通高等职业教育的本科院校和成人高校）全部实施分类考试招生，通过分类考试录取的学生占高职院校招生总数的一半左右，以后逐年增加，2017年分类考试招生分四种形式进行：一是单独考试招生。国家级和省级示范高职院校均实施单独考试招生。二是综合评价招生。2015年起，除单独考试招生的高职院校外，省内其他高职院校均实行综合评价招生。三是实施技能拔尖人才免试招生。四是实施面向"三校生"（即来自技校、中专或职高的学生）单独组织的普通高等职业教育省级统考及录取工作，与上述对"三校生"的综合评价招生互为补充，进一步推进中高职衔接成为主渠道。

各高职院校应在4月15日前完成对学生的综合评价考核，公示预录取学生名单接受社会监督。4月30日前，省招办根据学校上报的实际报到注册考生信息，为相关考生办理正式录取备案手续，并在陕西招生信息网进行公示。已经预录取而未报到注册的考生，其录取资格将自行取消，仍可参加包括高考统考在内的其他类型的考试招生；已经报到注册且录取的考生，不再参加包括高考统考在内的其他类型的考试招生。

第四十一问　参加高职院校分类考试有前途吗？

——搭建多样化选择、多路径成才的"立交桥"

目前，我国 2.25 亿第二产业从业人员中，技能劳动者仅 1.19 亿人，其中高技能人才约 3117 万人，仅制造业高级技工缺口就高达 400 余万人。以我国电子信息产业为例，技师、高级技师占技术工人比例仅为 3.2%，而发达国家一般在 20% ~ 40%……[①]

2014 年 12 月，在江西现代职业技术学院举行的江西现代职教集团 2015 届毕业生就业洽谈会上，场面空前热闹。美的电器、海尔集团、万科物业等 200 多家全国知名企业纷纷前来"招兵买马"，提供了数控、模具、机电、建筑工程、酒店管理等专业的 1.2 万个岗位，每个学生平均有 3 ~ 4 个岗位可以选择。

江西现代职业技术学院党委书记单津辉表示，此次就业洽谈会提高了准入"门槛"，进场的企业都经过严格筛选，一些技术含量低、用工不规范或薪酬待遇太低的用工单位，都被拒之门外，而且专业对口率也比往年提高。

看到这里，小明有些心动，但他是想问：参加高职院校分类考试，真的可以实现自己的人生价值，过上幸福生活吗？

[政策原文]

到 2020 年，形成适应发展需求、产教深度融合、中职高职衔接、职业教育与普通教育相互沟通，体现终身教育理念，具有中国特色、世界水平的现代职业教育体系。牢固确立职业教育在国家人才培养体

[①] 柯进. 职业教育如何与经济转型"对表"[N]. 中国教育报, 2014-6-19.

系中的重要位置，统筹发展各级各类职业教育，坚持学校教育和职业培训并举。加快现代职业教育体系建设，深化产教融合、校企合作，培养数以亿计的高素质劳动者和技术技能人才。加快构建现代职业教育体系，统筹发展各级各类职业教育，引导一批普通本科高等学校向应用技术类型高等学校转型，加强职业教育与普通教育沟通，打通从中职、专科、本科到研究生的上升通道，为学生多样化选择、多路径成才搭建"立交桥"。

——节选自国务院《关于加快发展现代职业教育的决定》

[权威解读]

教育部社会科学委员会委员、国家信息化专家咨询委员会委员、清华大学社会科学学院院长李强：随着城镇化建设的发展，产生了大量新的就业方向、就业岗位和用工需求，尤其是以服务业为主的第三产业，急需大批能够适应新的就业方向、就业岗位、就业能力的技能型人才和高素质劳动者，这就需要在政策导向上，向技能型、操作型人才倾斜，大力发展职业教育。目前，在中国，很多人看不起职业教育，认为孩子只有上大学才有出息。但考察欧美国家发现，在德国和法国，适龄人群上大学的比例并不是很高，很多人选择去职业学校受教育，毕业后当技术工人，他们依然可以获得比较高的经济收入和社会地位。

全国政协常委、中央农村工作领导小组副组长兼办公室主任陈锡文：现在，我们国家高等教育发展比较快，但是高级技工的培训是相对落后的。要加强职业教育，实际上更多的是要培养高级技工。除了政府需要进行投入以及体制改革之外，还需要全民有观念上的转变，通过职业教育，成为有资质的高级技工，对社会的贡献、自己的收入，都是不低的。

国务院《关于加快发展现代职业教育的决定》

[案例]

◎ 用技能为就业和发展铺路[①]

在北京雷克萨斯 4S 店的修理车间，一名身着工作服、面戴防护罩的小伙子正在进行喷漆前的打磨处理。他叫王贺齐，是某项大赛中职汽修喷漆组的冠军，一毕业就被该店录用了。尽管当初带着大赛冠军的光环顺利就业，但刚进入车间进行"真刀实枪"操作时，老师傅们还是不大放心让他一个人单干，直到小王用技能证明了自己的实力。

"这种手法用行话说叫'干磨'，虽然费时费力，但是能极大提高随后喷漆的质量。"小王介绍说，在他到店里工作之前，车间里的师傅们大都使用传统的"水磨"方式进行打磨处理，虽然省事，但是容易使车身钢板生锈、喷漆起泡。在利用所学知识详细分析了两种手法的利弊后，这种新方法已经在车间推广。

毕业于鄞州职业高级中学的王旭明，也是在某项大赛中摘得车身修复赛项的桂冠后，被宁波之星奔驰 4S 公司录用的。

"刚进公司时，也是给老师傅们打下手，直到独自修好了一辆后页子板严重变形的车，他们才对我放了心。"在王旭明看来，刚毕业时从基层做起很正常，只要技术过硬，总有机会向大家证明自己的实力。

"最近我们店里送修一辆车，制动跑偏，我用了好几种方法都不管用，你有什么好的解决思路没有？""这种情况我们店之前也遇到过，当时老师傅们是用四轮定位的方法解决的，你可以试试看。"在宣传海报拍摄现场，毕业后就没怎么见过面的史春达和曹阔还没来得及寒暄，就探讨起工作中的技术问题。

这两个小伙子是去年中职汽修双人维护组的团体冠军成员，一个

---

① 李丹. 选择职业教育 人生同样精彩. 中国教育报，2012-06-22.

在天津雷克萨斯4S店做机修师，一个在北京汽车修理三厂方庄丰田店做技师。

"这就是职业教育除了技能外，带给我们的其他财富，即沟通学习的能力和团队协作精神。"小曹介绍说，两人是北京交通运输职业学院的同班同学，备战大赛时遇到的很多问题，就是通过这样的沟通与协作解决的。这种职业素养也被他们带到工作中，遇到不懂的问题就虚心向老师傅请教，使自己的技能得到了很大提升。

第十二章
如何拓宽社会成员的终身学习通道

作为家长,要考虑的恐怕不仅是帮孩子选择一条理想的路,还会包括:如果孩子不慎选了不理想的路还可以重新选择吗?

家长始终牵挂着孩子在各个阶段的发展,小学毕业后如何进入初中?高中毕业后有几条路可以走?同时还要考虑,他选择这条路后是否还可以转换到另一条路?

而这些,应该是一套比较理想的考试招生制度应解决的问题。《教育规划纲要》关于考试招生制度改革的思想概括起来,就是以人为本,让孩子看到,要成功、成才有多少条路,从这条路转换到那条路有多少种走法。走进这条路,有什么门槛。迈过这个门槛,需要做什么准备。

深化考试招生制度改革,应当以彰显有教无类、因材施教、终身学习、人人成才理念为重点,增进共识。

第四十二问　构建终身学习通道的意义何在？

——搭建人才成长"立交桥"

家住成都的退休职工王阿姨最近可忙坏了，每天回家第一件事就是冲到自家阳台上观察盆栽的蔬菜，然后用智能手机拍下传到网上。这是王阿姨第二次参加全国"我爱菜园之'我拍蔬菜'"大赛活动。谈起这个活动，她很有心得："如果能获奖的话可以累积学分，以后有机会在国家开放大学读个大专。"王阿姨提到的"累积学分"，正是国家开放大学学分银行的功能之一。

为适应学历继续教育与非学历继续教育相互沟通的需要，"学分银行"模拟和借鉴了银行的特点，为学习者建立个人终身学习档案，授予相应证书，逐步消融学历继续教育与非学历继续教育的界限。

除此之外，近年来，国家对于职业教育愈发重视，出台各类政策促进就业和升学。与普通高中一样，学生通过三年中职阶段学习，同样可以升入大学。同时，由于高校投放对口升学计划数的增加，录取率也在逐年升高。

[政策原文]

加强统筹谋划，积极稳妥推进。整体设计从基础教育到高等教育考试招生制度改革，促进普通教育、职业教育、继续教育之间衔接沟通，统筹实施考试、招生和管理制度综合改革，试点先行，稳步推进。2014年启动考试招生制度改革试点，2017年全面推进，到2020年基本建立中国特色现代教育考试招生制度，形成分类考试、综合评价、多元录取的考试招生模式，健全促进公平、科学选才、监督有力的体制机制，构建衔接沟通各级各类教育、认可多种学习成果的终身学习"立交桥"。

——国务院《关于深化考试招生制度改革的实施意见》

[权威解读]

在谈到教育领域综合改革的攻坚方向和重点举措时，**教育部部长袁贵仁**说："相信这一制度改革的顶层设计，再跟进系列配套政策，将是我国教育考试招生制度系统性综合性最强的一次改革，将显著扭转应试教育倾向，更加有利于促进学生健康成长、科学选拔人才、维护社会公平，彰显有教无类、因材施教、终身学习、人人成才的理念，为亿万学生提供多样化的学习选择和成长途径，搭建符合基本国情的人才成长'立交桥'。"

袁贵仁部长将新制度比喻成路："我们现在就是想设计考试招生制度改革整体目标和基本框架，引导每一个孩子都能有自己的选择空间，有自己理想的发展道路，选了不理想的路还可以岔过去。用通俗的话表述就是要修更宽的路，修多样的路，同时要建立体交叉的路。就像坐了汽车可以换火车，坐了火车可以换飞机，坐了飞机还可以换轮船，最后到达自己理想的目的地。"

国家教育咨询委员会秘书长、国家教育发展研究中心主任张力：新的考试招生改革制度方案不像有的媒体解读的那样仅仅面向高考，而是从义务教育阶段免试就近入学开始，一直到初高中的考试评价，到结业后院校的录取，再到孩子们进到大学之后学分怎么认可和转换，实际上达到全面终身学习。这也是习总书记在审议这样一个高考改革方案，以及考试招生制度改革当中的殷切希望。

考试招生制度改革，总的目标是形成分类考试、综合评价、多元录取的考试招生模式，健全促进公平、科学选才、监督有力的体制机制，构建衔接沟通各级各类教育、认可多种学习成果的终身学习立交桥。

国家教育咨询委员会委员、中国教育发展战略学会学术委员会主任谈松华：改革开放之初，高考招生制度的恢复，曾经给年轻一代提供了改变命运的机会，营造了渴求知识、勤奋好学的社会风气；我们期待并相信，新的考试招生制度改革将为新世纪的新生代创设多种多次选择的成长成才通道和终身学习的"立交桥"，迎来人人成才、人才辈出的新局面。

山东省教育厅副厅长张志勇：现在大家都认为，上小学是为了上中学，上中学是为了考大学，考大学是为了找工作。要不要为生活做准备？要不要为终身发展做准备？教育是培养人的，教育是应该让孩子在当下感受教育的快乐，不是到明天去工作之后挣大钱才快乐。

国家开放大学学分认证中心主任季欣：国务院印发的《国务院关于深化考试招生制度改革的实施意见》提出，"探索建立多种形式学习成果的认定转换制度，试行普通高校、高职院校、成人高校之间学分转换，实现多种学习渠道、学习方式、学习过程的相互衔接，构建人才成长'立交桥'"。

建立多种形式学习成果的认定转换制度即学分银行制度，是落实党的十八届三中全会决定关于深化教育领域综合改革精神的重要举措，是构建终身教育体系的一项重要制度保障。目前，国内正处于探索阶段。

[案例]

◎ **建立动力机制让终身学习理念落地**[①]

2015年，"建立个人学习账号和学分累计制度，畅通继续教育、

---

① 高靓. 建立动力机制让终身学习理念落地[N]. 中国教育报，2015-11-24.

终身学习通道"被写进《中共中央关于制定国民经济和社会发展第十三个五年规划的建议》。

建立个人学习账号，并不是仅仅针对传统意义下的学习者，还是面向全体接受继续教育、进行终身学习的社会成员提供的基本信息服务。在此基础上，建立学分累计制度，也不是简单地针对传统正规教育、正式学习成果的单一路径的累计，而是使通过不同方式、不同途径获得的学习成果以及原本认证无门的各类学习成果，在学分累计制度下都能遵照一定的标准和规则得到认证认可、点滴积累以及合并承认，最终实现零存整取，兑换相应的学历学位证书或职业资格证书等，该制度也可称为"学分银行制度"。

近年来，我国已经开始对个人学习账号和学分累计制度的探索。从2012年6月至今，教育部分别委托国家开放大学开展"国家继续教育学习成果认证、积累与转换制度的研究与实践"项目和试点，以及"教师终身教育学分银行建设"等工作，其间还通过协同研究方式，立项开展"职业教育国家资格框架"研究，目前正在研究出台有关推进学习成果认证、积累与转换制度建设的指导性文件。此外，各种形式和类型的机构间资源共享（学分互认）联盟、共同体及地方"学分银行"的探索也层出不穷，为国家的制度设计与实施积累了宝贵经验。

第四十三问　构建终身学习通道的创新举措有哪些？

——构建四通八达的教育考试招生制度

国务院《关于深化考试招生制度改革的实施意见》的"总体目标"中明确提出："构建衔接沟通各级各类教育、认可多种学习成果的终身学习'立交桥'。""立交桥"是形象的比喻，更是良好的愿望。那么，新一轮考试招生制度改革如何促进终身学习体系的建构呢？

[**政策原文**]

拓宽社会成员终身学习通道。扩大社会成员接受多样化教育机会，中等职业学校可实行注册入学，成人高等学历教育实行弹性学制、宽进严出。为残疾人等特殊群体参加考试提供服务。探索建立多种形式学习成果的认定转换制度，试行普通高校、高职院校、成人高校之间学分转换，实现多种学习渠道、学习方式、学习过程的相互衔接，构建人才成长"立交桥"。

——国务院《关于深化考试招生制度改革的实施意见》

[**权威解读**]

教育部出台了关于高中生综合评价、高中学业水平考试、高考加分及高校自主招生等四个配套文件。这些配套文件对终身学习有什么促进作用？

国家教育发展研究中心副主任马涛：这些配套文件对终身学习的促进作用主要从教育部印发的《关于普通高中学业水平考试的实施意

见》体现出来，该意见规定，学业水平考试面向社会开放，有利于构建终身学习的立交桥。新的学业水平考试允许高中阶段其他学校在校生和社会人员报名参加，体现了这一考试制度的社会开放性，让接受中等职业教育的学生和具有初中学历的其他社会成员可以通过补习和自学取得普通高中学业证书，满足青年自学成才的需求，这对于构建终身学习立交桥具有积极作用。

当前，为建立终身学习体系，需要做哪些准备？试行普通高校、高职院校、成人高校之间学分转换，对于拓展终身学习通道有何积极意义？

国家教育咨询委员会秘书长、国家教育发展研究中心主任张力：要拓宽社会成员终身学习通道，需要试行普通高校、高职院校、成人高校之间学分转换，实现多种学习渠道、学习方式、学习过程相互衔接，鼓励高校和其他教育机构实行弹性学制、学分累积、宽进严出，搭建人才成长立交桥。

试行普通高校、高职院校、成人高校之间学分转换，拓宽终身学习通道。这里的学分转换意味着什么？全球最成功的是欧盟，欧盟10多国家试行高校学分认可转换累计制度。例如，某学生在A国选修部分课程得到学分之后，又在B国选修部分课程得到学分，他可以在C国累计学分获得一个学位。这样的试点对在线学习也是意义重大的。

［案例］

◎ **国家开放大学：实验有中国特色的学分银行制度**[①]

在我国，不少机构先期努力试行学分互认，有过多种模式。例如，

---

① 季欣. 建设有中国特色的学分银行制度［N］. 中国教育报，2014-10-10（教育科学版）.

职业教育双证模式，即职业院校学生获得学历证书的同时，获得职业资格证书；中高本衔接模式，即较低学历层次（主要是技校、中职、高职）学生通过相应课程、学制的衔接获得更高学历；区域模式，通常由地方政府主导，整合相关学校资源开展试验；校本模式，即具有学历颁证权的学校建立"学分银行"，凡按相关教学计划学习的学生可以获得课程免修或双证书；协议联盟模式，即为实现优质资源共享，层级水平相当的办学机构间按协议推进对等课程学分的互认。上述探索取得了宝贵的经验，但仍存在不少困难和问题：一是无相关法律和政策的支持；二是尚属于局部领域开展的试验，缺乏统一的标准和公共服务平台；三是教育或人力资源等部门多头管理种类繁多、规格不一的职业资格证书的体制，阻碍着统一学分认证制度的建立。其中，多种形式学习成果之间学分如何实现转换，是一个长期不易解决的难题。

根据《教育规划纲要》精神，教育部委托国家开放大学承接"国家继续教育学习成果认证、积累与转换制度的研究与实践"课题。国家开放大学将实施该项课题作为老电大向新开大战略转型的重要抓手，并着力探索基于国家层面的一种新教育管理范式，组织部委、行业、企业、高校、部队、社区以及地方开大、电大等66个单位，共同承担了4个重要子课题、89个实践项目。

学分要进行科学转换，首先必须在多种形式学习成果间建立统一的标尺。剖析不少国家成熟经验后发现，这个统一标尺就是目前在国际上通行的资格框架及其核心要素——单元。于是，课题组提出了学习成果框架和认证单元相对称的核心概念，初步探索出了以"学习成果框架+认证单元"为技术路径的学分转换原则和方法，先后在相关领域进行了试运营学分银行制度，同步形成了"标准研制""课程开发""机构认可""协议联盟""认证服务""信息平台"等一系列可复制、可推广的实践模型。

学分转换试验按以下步骤进行，一是研制学分转换标准，开发学分银行标准化课程；二是认可相关颁证机构，试行不同机构间学分的转换；三是建立认证服务机构，为学习者试办学分转换业务。

[域外视角]

◎ 欧盟：欧洲学分转换与积累系统拆除高教围墙[①]

"欧洲学分转换与累积系统"（ECTS）伴随着欧洲高等教育一体化的过程而产生、发展。根据这一系统，学习者在未完成全部教育课程的情况下，也可以用学分来衡量和累计部分学习经历带来的学习成果，便于将来在合适的时机进一步完成学业或继续深造。因此，欧洲学分不仅可以在空间上实现跨国、跨院校转移，还可以在时间上实现跨学习阶段持续计算。

在欧洲学分转换与累积系统中，学习成果是估算学习量，也就是计算和分配学分的基础。欧盟《欧洲学分转换与累积系统使用指南》指出，学习量指的是学生为获得预期的学习成果而完成所有教学活动必需的时间。这里的教学活动不仅包括课堂学习，如讲座、研讨等，还包括课外的作业、自学、考试、项目、实习活动等。这样，学习量就超出了传统的"学时"范畴，走出了"校园"的围墙，将所有有关的学习时间，尤其是学生独立自主学习的时间纳入考量。而且，学习量的估算可以根据定期测评和学生的反馈进行及时修订，因而具有相当的适应性和灵活性。

《欧洲学分转换与累积系统使用指南》显示，综合欧洲大部分国家的情况，一学年正规全日制学习的学习量在1500小时左右，一个欧

《建设有中国特色的学分银行制度》

[①] 宗华伟. 拆除阻碍欧洲高教一体化的围墙——透视欧洲学分转换与累积系统（ECTS）[N]. 中国教育报，2012-03-30（留学版）.

洲学分对应25小时的学习，因此，通过正规全日制在校方式学习的学生，如成功通过测评，一学年应获得60个欧洲学分。根据每个国家学制的不同，一学年分成两个学期的国家，每学期的学习量为30欧洲学分；一学年分为三个学期的国家，每学期的学习量为20欧洲学分。此外，每个国家还可以自主调整本国欧洲学分与学习时间的量化关系。例如，德国规定1个欧洲学分需要30小时的学习量，芬兰规定1个欧洲学分需要27小时的学习量，而比利时、希腊、波兰等国则规定1个欧洲学分的学习量可在25～30小时之间浮动。

欧洲学分转换与累积系统不是一个孤立运行的概念，而是依托一系列关键性文件而实施。它的配套文件包括课程目录、学生申请表格、学习协议与成绩单。课程目录包括学校信息，如校名、历史、提供课程、入学要求、注册程序；课程信息，如课程设置、颁授文凭、学习方式、教学语言、毕业前景；学生信息，如食宿、生活费用、医疗保险、学生团体、体育活动。当学生选择跨校流动时，学生需要填写一份申请表格，然后由学生、派出学校和留学学校共同签署一份学习协议，记录已学习课程清单，确定未来仍需学习的课程。最后，两校交换学生的成绩单用于实现学业升级和作为认可学历的重要官方证明材料。这样，通过准确、及时、有效地传递信息，它实现了学分在不同国家教育机构之间的转移。

◎ 韩国："学分银行"将学习进行到老[①]

韩国"学分银行制"是一种开放式新型教学管理系统，在韩国已经实施了十余年。"学分银行"是一种借鉴了银行的功能特点，使学生能够自由选择学习内容、学习时间、学习地点，通过在大学或社会教育培训机构学习课程，或是通过国家学分认证考试等多种形式获得

---

① 张雷生. 韩国学分银行：将终身教育进行到底［N］. 中国教育报，2014-03-12（国际教育版）.

学分，将这些学分存入个人在学分管理系统注册的账户中，累积达到一定数量，最终获取高等教育学位证书的一种学分管理方式。

据了解，取得"学分银行"的学分有以下途径：一是在大学进修的课程；二是参加各种培训班学习的课程；三是为获得各种职业资格证书所参加的培训课程；四是在成人学校或社区学院进修的课程；五是一些读完两年大学后退学学生所修的课程。最后一类人群如果以后想获得学位，可以选择两条途径：一是将所修完的70个学分存入"学分银行"（韩国大学一般两年要修满80学分，四年修满140学分，才能取得学士学位），再利用"学分银行"制度积累学分，加上存在"学分银行"的学分；二是可以重新申请入学以完成学业，但在时间上有规定。

"学分银行"没有存期限制，"零存整取"直至终身，为学习者的终身教育提供了良好的保障。当学分存到一定数量时，每年的1月、4月、7月、10月这4个月份可以向"学分银行"申请相应的学位，并选择学位的名称。学分的累积可以通过选修"学分银行"认定机构提供的课程来进行，也可以通过参加大学或大专提供的业余课程来进行，还可以把先前的学习成绩、证书等拿来转换学分。按照规定，两年制准学士学位80学分，三年制准学士学位120学分，学士学位140学分。在学分累计达到相应标准后，学生可以填写学位申请表，上交韩国教育开发院或者省教育办公室。经教育开发院核实该教育机构的有效资格，证明学分的有效性，学生们就能够从韩国教育部或者相关大学拿到学位。

目前，韩国"学分银行"所提供的学位包括3种：四年制学士学位、三年制副学士学位、两年制副学士学位。不同学位要求的学分也不一样。四年制学士学位要求140学分，其中公共课30学分，专业课60学分，其他课程50学分。三年制副学士学位（专科毕业）要求120学分，其中公共课21学分，专业课54学分，其他课程45学分。两年制副学士学位(专科毕业)要求80学分,其中公共课15学分,专业课45学分,其他课程20学分。不管申请哪一种学位,都必须有18学分是在正规大学或韩国教育部承认的培训机构获得。利用"学分银行"获得学士学位无须写毕业论文。

PART 3

第三部分　　改革试点及案例

第十三章
上海高考改革试点怎么改

自 2014 年 9 月《国务院关于深化考试招生制度改革的实施意见》颁布以来，高考改革就已经进入千家万户的视野，高考政策的每一点变动都牵动着高考家庭的心弦。而高考改革破冰之旅首先从上海、浙江开始。

2014 年上海公布《上海市深化高等学校考试招生综合改革实施方案》，其中规定：考试科目为"3+3"；外语一年考两次，包括听说测试；打破文理分科，高中学业水平考试部分成绩计入高考成绩，综合素质评价纳入高校招生参考……

刚刚上高中的小明听到新方案后，心里一直打鼓，新的方案实施后，负担真的能减轻吗？文理不分科后，偏文的学生会不会在数学考试中吃亏？综合素质评价怎么能保证准确客观？

上海作为高考改革的前沿阵地和改革试点，关系重大，对进一步深化全国范围内的高考招生改革具有重要意义。上海市教育委员会主任苏明认为，改革要为学生成长成才提供更多的机会和渠道，改变用一个分数来评价、录取学生，让多种因素在招生中发挥作用。

第四十四问　上海高考如何改？

——打开多元化大门，改变一考定终生

按照上海高考的新方案，参加高考的小明的高考科目将变为"3+3"，即3门统考加3门选考。统一高考科目有语文、数学、外语3门。外语考试包括笔试和听说测试，其中听说测试采用人机对话的形式进行。高中学生可最多参加两次外语考试，选择较高成绩计入高考总分。学生从思想政治、历史、地理、物理、化学、生命科学6门科目中任意选择3门，参加高中学业水平考试的等级性考试。高考成绩由统考和选考共6门课程成绩组成，作为高校录取的基本依据。

也就是说小明以后不用"一考定终生"了，从小明参加高考的2017年起，上海统一高考科目只有语文、数学、外语3门，学业水平考试各科目均"随教随考随清"，同时他还可以参加两次英语考试。

上海市教委教研室主任徐淀芳说："我们会通过减少统考次数、区别对待学生培养要求、保证高中教学进程完整等多种方式，减轻学生的备考负担和精神压力。"

[政策原文]

◎ 上海高考怎么改？

调整统一高考科目。2017年起，本市统一高考科目为语文、数学、外语3门，不分文理，考试时间安排在每年6月；外语考试一年举行两次，另外一次安排在每年1月。

……

高考成绩的构成。2017年起，高考成绩由语文、数学、外语3门统一高考成绩和学生自主选择的普通高中学业水平等级性考试科目成绩构成，作为高等学校录取的基本依据。高考成绩总分满分660分。其中，语文、数学、外语每门满分150分，3门普通高中学业水平等级性考试科目每门满分70分。

普通高中学业水平考试成绩计分。普通高中学业水平等级性考试成绩在计入高考总分时，由五等细化为A+、A、B+、B、B-、C+、C、C-、D+、D、E共11级，分别占5%、10%、10%、10%、10%、10%、10%、10%、10%、10%、5%。其中，A+为满分70分，E计40分。相邻两级之间的分差均为3分。

高等学校招生录取的科目要求。普通本科院校可根据办学特色和定位，以及不同学科专业人才培养需要，从思想政治、历史、地理、物理、化学、生命科学6门普通高中学业水平等级性考试科目中，分学科大类（或专业）自主提出选考科目范围，但最多不超过3门。学生满足其中任何1门，即符合报考条件。对于没有提出选考科目要求的高等学校，学生在报考该校时无科目限制。

对于符合报考条件并达到学校投档分数线的学生，高等学校可分学科大类（或专业）提出优先录取的条件。

改进高等学校统一录取模式。2016年起，合并本科第一、第二招生批次，并按照学生的高考总分和院校志愿，分学校实行平行志愿投档和录取。在此基础上，探索学生多次选择、被多所高等学校录取的可行性，增加高等学校与学生的双向选择机会。

改进专科高职统一招生方式。仅报考专科高职志愿的学生，只计语文、数学、外语3门统一高考成绩。专科高职依据统一高考成绩进行录取。

——《上海市深化高等学校考试招生综合改革实施方案》

[权威解读]

◎ **上海高考综合改革试点试出了什么**[①]

《上海市深化高等学校考试招生综合改革实施方案》明确提出，"分类考试、综合评价、多元录取"，有助于遏制应试教育、推行素质教育、坚持立德树人、促进科学选才。方案有利于科学选拔和培养人才，有利于发挥学生的兴趣爱好和专特长，为学生成长与成才提供更多机会。上海师范大学原校长、教授杨德广认为该方案有以下四大亮点：

第一，强调把普通高中学业水平考试与高考挂钩，采取"门门清"的办法，有助于因材施教，培养"合格+特长"的学生。学业水平考试分合格性考试和等级性考试两种，学生可选择3门为等级性考试，其余为合格性考试，充分考虑到不同学科取向的学生的特点，尊重学生的兴趣爱好。与此相匹配，高校有权对考生知识结构提出要求。大学教育专业性较强，每一学科对学生的知识结构要求不同。以前的高考只看统考的总分，这次综合改革方案，规定高校可以提出选考科目范围（不超过3门），3门学业水平等级考试成绩计入高考总分。改革有助于高校相关专业选拔更适合的生源，有助于学有所长的学生报考心仪专业，不必追求门门高分，由此赢得的时间可用于发展特长。

第二，加快推进高职院校分类考试招生。"统考"制度制造大量"陪考"角色，这些学生最终以失败者身份走进高校，情绪低落，严重损伤学习效果。之前的考试招生办法导致进入普通高校的"三校生"（来自技校、中专和职高的学生）文化水平跟不上，进入高职高专的普通高中生，实践能力跟不上。这次综合改革，明确"三校生"将分开考试，提前考试，直接报考高职类的学校。我国高职高专占整个高等教育的半壁江山，培养应用型、技能型人才，这是我国目前最缺乏

---

① 杨德广. 上海高考综合改革试点试出了什么[N]. 中国教育报，2015-03-16(8).

的人才。高职院校分类考试和招生，采取"文化素质+职业技能"招生录取制度。这种提前分类的好处有：一是不要让"三校生"与普通高中的学生同时挤在秋考陪考。二是有助于稳定"三校"的教学秩序，符合高职高专的人才培养目标，杜绝以前既无文化知识特长，又无职业技能特色的办学模式。三是有助于小学和初中因势利导地合理分流学生。

第三，通过建立高中学生综合素质评价制度，学校如实记录学生平时表现与成长过程，包括学生思想品德发展状况、中华优秀传统文化素养、修习课程及其学业成绩、创新精神与实践能力、身心健康信息、兴趣爱好与个人特长等。启用高中学生综合素质评价信息化平台，学校应每学期对学生展开一次综合素质测评，班主任、任课教师、同学及学生本人都可参加测评，扬长揭短，提出努力方向。也可以把学生综合素质量化为分数。中学应制定切实可行的素质教育方案与学生素质评价方法，从学生各自特点出发，制订不同的教学计划、培养方案、生涯规划，促进每个学生健康发展、全面发展、终身发展。

第四，考试招生制度改革是一项系统工程，展现三大导向：导向学生全面发展，导向学生个性发展，导向学生合理流向。以分类考试代替分层考试，以多元评价支撑多次考试，以科学选才制约分数掐尖，并尽可能把"两头"学生从高考束缚中解放出来，最终在教育界乃至全社会树立正确的人才观，人尽其才，抛弃任人唯校现象，实现任人唯才。

[域外视角]

◎ **国外高考怎么考？**[①]

国外大学招考评价体系的主体多元化特征明显。就世界范围来看，

---

① 陈兰枝. 从国外大学招考制度看我国高考多元评价体系构建中评价主体的缺失[J]. 教育探索，2009（10）：158-159.

各国的高等教育招考制度因其不同的政治、经济、文化传统而各有特色，但均因高等教育结构和类型的多层次化以及入学标准、入学方式的多样化呈现出多元化评价的特征。相对于我国的高考而言，其评价主体的多元化特色尤其显著。

1. 考试机构性质多样，科学化程度高

高考制度包括招生制度和考试制度，其中组织高考的考试机构无疑是高考评价主体中较为重要的一员。在国外，参与高校招生的考试机构性质多样，科学化程度也非常高。在美国，有许多专门的非营利性的民间考试评价机构，具有很强的权威性。如美国的教育测验服务处（简称ETS）主持的SAT、TOEFL考试等；而ACT考试由美国高等学校测试机构主持；国际高中毕业考试（IB）由国际高中毕业考试组织（IBO）举办。这些专门考试机构的权威性也因其组织考试公平、公正、科学、合理而受到推崇。英国实施考试的机构主要是八个互相独立的考试委员会，它们通常以一所或几所大学为挂靠单位，面向全国考生。德国的考试则由各完全中学所设的"考试实施委员会"负责组织与实施。日本高中阶段有两次考试，"全国性共同学力第一次考试"由大学入学中心组织，随后的"第二次考试"由各公立大学按学校、系别、专业来举行。

2. 大学主动承担评价主体责任，制定多元评价标准

设立专门的招生事务处与招生委员会。为招到符合自己要求的、足额的优秀考生，大多数西方国家的大学都设有招生事务处与招生委员会。前者主要负责收集和分析高中学生的资料，与适合入学的学生提前联络；后者是前者的咨询机构，它一般由招生事务处主任、各系教授代表以及学生代表组成，其任务是制定招生方针与制度、审查特殊的申请个案等，握有最终的招生决定权。

组织统一考试后的第二次考试，给考生创造第二次机会。英国的精英大学如牛津大学在统一考试后，还要求进行学院或系举办的专门

考试。美国有的大学特别是重点大学在招生时要求学生在 SAT 和 ACT 两项考试后参加单科考试（即 SAT II 考试）。学校可根据学生的单科成绩以及志愿来决定其专业。在新加坡和日本，大学特定院系的自主考试通常与国家统一考试配合进行。大学院系通过第二次考试既可以挑选自己满意的考生，又能给予在统一考试中发挥不好的学生第二次机会，使严肃公正的考试更加人性化。

3. 中学向大学呈送高中生"成长信息"，积极参与高考评价

高考多元评价体系的主要特点是注重结果评价的同时注重过程评价。综合国外许多国家的做法，中学参与高考评价的方式主要是向招生部门提供高中生在高中三年的"成长信息"。在美国，成长信息主要包括中学阶段的平时成绩（即高中三年的期中、期末学业成绩与平均成绩、年级排名）与课程，同时还有推荐信、社会实践活动评价和个性专长等。日本中学向大学提供评价高中时活动的文件使许多大学招到了适合自己校风的学生。英国中学向大学提供的考生校内成绩如"课程作业"最低占录取总分的 20%。为确保信息的真实性与准确性，参照国际惯例，该信息一般要班主任、年级主任、主管校长签名盖章认可。

4. 彰显考生主体地位，重视考生自我推荐

考虑到考生自我评价的重要性，国外许多大学在招生时都给予考生自我推荐的机会。如美国的"入学申请书"、日本的"志愿理由书"以及各高校组织的面试都为学生陈述自己的学习情况和入学志愿和理由提供了很好的机会。

第四十五问　普通高中学业水平考试怎么用？

——让统考"套餐"变成选考"自助餐"

小明了解了上海高考新方案以后，知道了高考不再是决定自己命运的唯一考试，平时的普通学业水平考试也很重要。那么普通学业考试将面临哪些改革？怎样才能科学合理地运用学业水平考试呢？

上海市教育委员会负责人在深化高考综合改革答记者问中，对这次改革进一步完善普通高中学业水平考试制度，谈了以下看法：

一是普通高中学业水平考试设置语文、数学、外语、思想政治、历史、地理、物理、化学、生命科学、信息科技、体育与健身、艺术和劳动技术 13 门科目。

二是实行合格性考试和等级性考试。合格性考试内容以普通高中课程标准中的基础型课程要求为依据，等级性考试内容以普通高中课程标准中的基础型和拓展型课程要求为依据。思想政治、历史、地理、物理、化学、生命科学 6 门科目既设合格性考试，又设等级性考试。其余科目只有合格性考试。参加高考的学生，可以根据自身兴趣特长和本科院校要求，从 6 门设立等级性考试的科目中自主选择学习 3 门并参加考试。

三是考试有 4 种形式：第一种是全市统一命题、统一组织考试、统一阅卷，针对的是思想政治、历史、地理、物理、化学、生命科学 6 门科目的合格性和等级性考试；第二种是语文、数学、外语 3 门科目合格性考试，可以用统一高考的相应科目考试替代；第三种是信息科技目前仅设合格性考试，全市统一命题、在统一考试时间组织实施；第四种是根据本市课程标准要求和学生平时表现，综合测评并确定其合格性成绩，针对的是体育与健身、艺术、劳动技术 3 门科目。

四是考试成绩应用。合格性考试成绩只分"合格/不合格"，成绩合格是高中生取得毕业资格的必要条件；等级性考试成绩分 A、B、C、D、E 五等 11 级，按既定的计分方式计入高考总分，作为高校招生录取的重要依据。

[图解《上海市深化高等学校考试招生综合改革实施方案》]

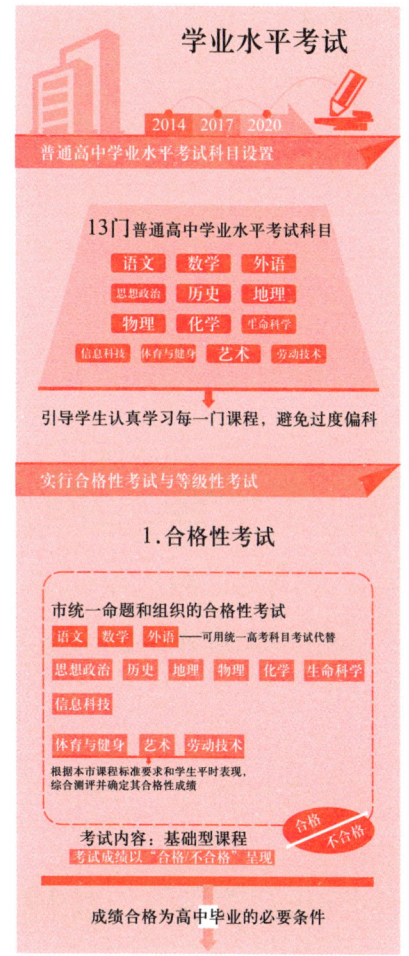

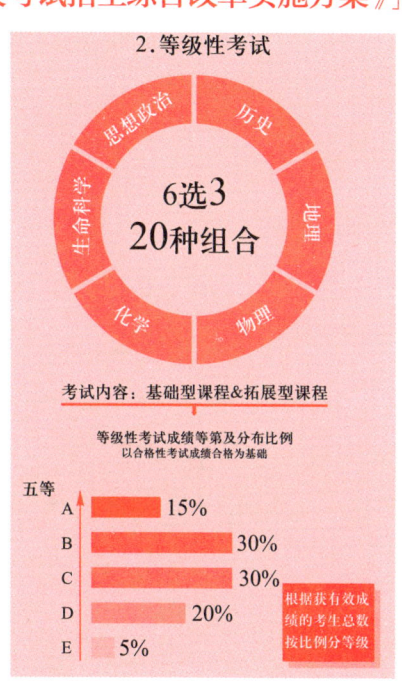

[权威解读]

◎ 高中学业水平考试凸显"三个有利于"[①]

高考综合改革的重要目标是形成分类考试、综合评价、多元录取的考试招生模式。上海市公布的《上海市普通高中学业水平考试实施办法（试行）》打破了原来只用百分制评价学生和评价教育质量的做法，让统考"套餐"变成选考"自助餐"，为学生提供了发挥个性特长的更大空间，凸显了进一步促进社会公平、实现科学选才的改革宗旨。

（一）有利于学生在全面发展基础上的个性成长

在"两依据一参考"的高考改革制度框架下，高中学业水平考试的成绩呈现方式直接体现着考试招生制度改革的基本理念和方向，并将直接关系到考生的切身利益。长期以来，高中考试成绩主要以百分制呈现，"分分计较"会给学生造成过大的课业负担和心理压力。可喜的是，《上海市普通高中学业水平考试实施办法（试行）》中明确提出，以"合格、不合格"和"等级"来呈现学生的学习成绩，打破了只用百分制评价学生、评价教育质量的做法。其好处在于：

第一，给高中教学和学生学习带来了根本性的变化。在传统的"文理分科"高考模式下，学校主要按文科班和理科班教学，这就带来了学生过度偏科的弊端；**改革后，学生在选科时可以有更多自主权，可以文理兼修、文理兼考、自由搭配**。高中学校将开设更多的课程供学生选择，并加强学涯、职业生涯指导。

第二，为学生发展自己的兴趣和特长提供了条件。**13门合格性考**

[①] 杨雄. 高中学业水平考试凸显"三个有利于"[J]. 上海教育, 2015, 13: 24.

试，6门等级性考试，选择3门等级性考试计入高考总分，这样的规定既可以促使学生的成长基础更加全面，又可以保障学生个性成长所需要的学习时间和机会。

第三，课程丰富多彩，难度却有分层，这样就为学生全面发展奠定了基础。有些课程只需达到合格就可以，有助于学生安心于"全面发展"，避免"全民竞赛"式的功利与短视；而计入高考总分的等级性考试科目可让学生根据学科兴趣和个性特长自主选择，有助于他们发挥出良好状态，也更能真实地反映学生的素质和水平。

（二）有利于减轻学生的学业负担和心理压力

第一，新的高考改革方案，从原来的统考"套餐"变成选考"自助餐"，给予学生更大的学习自主权、科目选择权。由于计入高考总分的3门等级性考试科目由学生根据自己的兴趣特长自主选择，有助于他们扬长避短。学生学习有兴趣和擅长的东西，可能就不会感觉太累。同时，在原先的"3+1"高考模式下，学生最多只能选择1门"加一"科目，万一考砸，总分落差会很大。实行高考改革后，学生可以自主选择3门等级性考试科目。万一其中1门没考好，还有其他2门可以拉分，考试风险将进一步降低，学生的心理压力也不会那么大。

第二，参加春季高考或秋季高考的高中在籍考生，都可以申请用语文、数学、外语科目的高考成绩，替代相应科目的学业水平考试合格性考试成绩，以合格/不合格呈现。也就是说，考生可以申请不参加语文、数学、外语3门科目的合格性考试，就用高考成绩来替代。这种人性化的制度设计，可以减少考试次数，有助于学生减轻负担。

第三，在传统高考模式下，不少高中习惯于将高一、高二学习的内容一直带到高三"算总账"，且三年中各门考试科目长时间处于"反复操练"过程中，强度大。改革后，与高校招生录取挂钩的学业水平考试安排在三年中完成，随教随考随清，这就可以分散集中备考的门数，缩短备考的持续时间，减轻一次性考试带来的过重心理压力。

（三）有利于高中教育与大学招生改革的衔接

第一，上海的高中学业水平等级性考试分为 A+、A、B+、B、B-、C+、C、C-、D+、D、E 五等 11 级，按获得该次考试有效成绩的考生（即缺考或未得分的考生除外）总数的相应比例划分等级。这样的制度设计可以保证成绩的区分度和可比性，方便评价和招生录取使用。同时，本科高校会提前公布相关专业（类）的选考科目范围，不同的专业或大类对学生选报的等级性考试科目范围会不尽相同。这也有利于高中教育与大学招生改革的衔接。

第二，学业水平考试要真正成为高校招生录取的一个重要依据，其重要前提条件就是必须要有利于高校选拔。值得注意的是，上海把高中学业水平等级考细分为五等 11 级，相邻两级之间的分差为 3 分，这样的级差比较适度，既考虑到高考选拔人才的区分度需要，也考虑到考生的切身利益，较好地兼顾了公平性和科学性。

实行"高考 + 高中学业水平考试 + 综合素质评价"这个"三位一体"的高考改革，将使分数不再成为高校录取的唯一依据，有助于坚持素质教育导向，破除"唯分数论"，促进高中和高校进一步提高人才培养和选拔水平。

第四十六问　综合素质评价如何评？

——从只看高考分数到关注学生的综合素养

改革将直接带来高等教育招生和培养的变化。社会各界对上海市高中学生综合素质评价十分关注。复旦大学招生办主任丁光宏表示，综合素质评价是高中生三年的真实记录，将促使人才选拔从只看"冷冰冰的分"到关注"活泼泼的人"。

实施高中学生综合素质评价有什么重要意义？综合素质评价主要评什么？评价内容如何做到可考查、可分析？

[政策原文]

◎ 综合素质评价的内容

1. 构建高中学生综合素质评价体系。综合素质评价要突出学生思想政治素质和道德品质，客观记录学生的成长过程，整体反映学生德智体美全面发展情况和个性特长，引导学生践行社会主义核心价值观，增强社会责任感，培养创新精神和实践能力。综合素质评价是学生毕业和升学的重要参考。综合素质评价内容主要包括：学生思想品德发展状况、中华优秀传统文化素养、修习课程及其学业成绩、创新精神与实践能力、身心健康信息、兴趣爱好与个人特长等。启用高中学生综合素质评价信息化平台，建立客观、真实、准确记录信息的监督机制。

2. 积极稳妥推进高中学生综合素质评价信息的使用。2017年起，推动高中学生综合素质评价信息在自主招生等环节中开始使用。高等学校应提前公布具体使用办法，使用情况必须规范、公开。

——《上海市深化高等学校考试招生综合改革实施方案》

记录和评价内容：

（1）品德发展与公民素养。

（2）修习课程与学业成绩。

（3）身心健康与艺术素养。

（4）创新精神与实践能力。

——《上海市普通高中学生综合素质评价实施办法（试行）》

◎ 综合素质评价如何评？怎么管？[①]

1. 综合素质评价主要评什么？评价内容如何做到可考查、可分析？

综合素质评价记录的重点是学生外显的活动与行为。例如，要求记录学生参加志愿服务（公益劳动）情况，通过列举典型事例等方式介绍学生的社会责任感、专业志向等，并要求填报学生研究性学习专题报告代表作、参加科技活动项目、创造发明项目等，都是通过学生在有关活动中的具体表现来反映学生的综合素质。综合素质评价内容还强调一定的区分度和典型性。例如，每学期学科成绩可以转化为百分位数，统计志愿服务（公益劳动）获得表彰次数，记录市级竞赛活动获奖情况、参加市级学生艺术团体和市级青少年科学研究院的情况等。

2. 如何确保高中学生综合素质评价材料的真实可信？

真实性是高中学生综合素质评价的重点和难点，也是高校在录取时可资参考的首要前提。我们通过标准统一的信息管理系统、客观数据导入、如实记录行为结果、相关材料公示、建立健全信用等级制度和监督问责机制等，保障评价材料真实可信。

一是开发建立上海市高中学生综合素质评价信息管理系统，提供

[①] 摘自上海市教育委员会《关于〈上海市普通高中学生综合素质评价实施办法（试行）〉的问答》.

规范的统一数据信息标准管理。谁录入谁负责，部分内容还需提供佐证材料，以确保数据真实。

二是综合素质评价的信息录入，尽可能采用客观数据导入的方式，如学生个人学籍信息、志愿服务（公益劳动）次数和累计时间、高中学业水平考试成绩、《国家学生体质健康标准》测试综合得分等，以客观性确保真实性。需要人工录入的内容，也尽可能采用统一格式的下拉菜单选择。

三是将部分原本难以考察的主观性指标转化为参与相关活动的情况记录及其成果，以体现学生的综合素质状况，使评价内容可考察、可分析。

四是建立和完善监督保障措施。实行高中学校、区县教育局和市教委三级管理，并完善信息确认、公示投诉、信誉等级评定等制度，确保信息真实性。

国家学生体质健康标准

[权威解读]

上海市曹杨第二中学校长王洋：《上海市普通高中学生综合素质评价实施办法（试行）》（以下简称《实施办法》）提供了一种便于使用的记录方式，评价程序环节清楚，具有规范、严谨、递进的特点，操作性强；每个环节的责任主体及具体要求都非常明确，而且高度关注学生的个体特长和个性差异。此外，《实施办法》要求相关高等学校在招生章程中明确综合素质评价的具体使用办法并提前公布，规范、公开使用情况；在"记录方法与程序"方面，明确了校、区、市三级管理制度和不同的职责，这样就方便了"档案的形成"和"材料的使用"。

没有科学的流程设计、完善的审核和监督机制，综合素质评价的公平公正就无法保障。可喜的是，政策制定者在《实施办法》的公开

关于《上海市普通高中学生综合素质评价实施办法（试行）》的问答

透明、规范管理等方面已作出了制度安排。例如，通过完善技术手段，开发建立基于全市统一平台的综合素质评价信息管理系统，提供规范的统一标准管理；同时引进学校、社会等多方面力量参与，健全监督机制；高校在使用高中综合素质评价信息时，应提前公布使用办法，使用情况也必须规范公开。上述举措多管齐下，可使综合素质评价更公开、更透明。

从曹杨二中多年来自主实施高中学生综合素质评价的改革探索来看，我认为，《实施办法》提出的评价内容全面，可观察、可比较、可分析，评价程序环节清晰、评价责任主体及要求明确，不仅有助于高校全面考察学生的综合素质及水平，更有助于推进素质教育走向深入，促进学生认识自我、积极主动地发展，实现自我的完善与进步。

诚信体系的建设需要一个过程，如果评价流程设计科学，综合素质评价本身将有利于促进社会诚信体系的建设和发展。相信综合素质评价体系和机制会在真录、真评、真用的过程中不断完善！

上海市育才中学校长陈青云：作为上海高考综合改革的重要组成部分，《实施办法》这一备受瞩目的政策重点突出、导向明确、原则清晰，将在三方面对高中教育教学产生积极影响。

第一，"写实记录"有助于培育学生的诚信意识。上海市普通高中学生综合素质评价要求以事实为依据，对学生成长过程中的主要经历和典型事例作客观记录和写实性描述，利用信息管理系统导入客观数据，真实反映学生的发展状况。同时，规范综合素质评价程序，建立综合素质评价的审核制度、信誉等级制度、公示和举报投诉制度。

这一系列有力举措，将有助于改变以往不少学生、家长乃至社会对学生评价尤其是综合素质评价不甚重视的现象，契合社会各界对综合素质评价公平公正、客观真实的由衷期待。

"写实记录"是上海综合素质评价的重要关键词。值得注意的是，上海市教委将建立上海市普通高中学生综合素质评价信息管理系统，以高中学校为记录主体，采用客观数据导入、高中学校和社会机构统一录入、学生提交实证材料相结合的方式，客观记录学生的学习成长经历。学校统一录入信息管理系统的学生信息（除涉及个人隐私的信息外）都要公示。学生撰写的研究性学习专题报告还需要学校学术委员会认定。可以说，诚信教育在学生综合素质评价过程中贯穿始终，将有助于更好地培育学生的诚信意识，树立诚实守信观念。如果在实施学生综合素质评价过程中，能推动全社会合力构建一套完善的诚信体系，这或许比高考改革本身更有意义和价值。

第二，能够使学校研究型课程的建设向前跨进一大步。上海市普通高中学生综合素质评价中的一项重要内容是反映学生的创新思维、调查研究能力、动手操作能力和实践体验经历等。重点记录学生参加研究性学习、社会调查、科技活动、创造发明等情况。

当前，研究型课程在各个学校的实施情况不尽相同，学生和家长对此的重视程度也有差异。当"研究性学习报告"作为一项重要内容写入学生综合素质评价纪实报告，我认为，这将有力推动学校研究型课程的建设，调动学生开展研究性学习的热情，家长和社会也会对此更加重视、支持并积极参与。这对于把学生从"题海"中解放出来，更好地培养他们的创新精神和实践能力，将起到重要的推动和促进作用。

第三，各种素质教育的综合实践活动将形成教育合力。学生综合素质评价将重点记录学生遵守日常行为规范，参加志愿服务（公益劳动）、党团活动等情况，参加社会调查、科技活动、体育运动、艺术活动的经历及实践体验等成长轨迹。

所涉及的内容远远超出课堂学习，这传递出一个积极的素质教育导向，那就是：我们的学生不能禁锢在学校，埋头于书本，而要广泛参加各种社会实践、志愿者服务和公益活动，我们应该创造更多机会让学生更多地投入社会中去感受、历练、成长。这也对学校提出了新的要求，学校要深入挖掘校内外各类教育资源，并用足、用好。

我相信，《实施办法》秉持"立德树人"的理念，将会促使学校和各类社会机构今后的合作更加密切。当全社会都能形成共识，形成教育合力，那么，我们一定能看到学生走出象牙塔后的茁壮成长。

第十四章
浙江高考改革试点怎么改

语、数、外统考，3门选考科目，不分文理，除语数外其他科目都有两次考试机会，录取不分批次，按专业平行投档……一项项高考改革新政，让浙江在2014年成为全国教育领域无可争议的"明星"。高考改革牵一发而动全身，作为试点，浙江的先行先试，吸引了教育界乃至全国无数考生和家长炽热的目光。

对于刚刚升入高一的小吴来说，高考改革方案的出台让他很兴奋，觉得自己就像一名站在浪尖上的时代"弄潮儿"，成为第一批"吃螃蟹的人"。但是，他也不否认自己很焦虑：面对新高考改革，高中三年该如何安排学习与考试？自己到底会成为受益者还是成为"小白鼠"？

其实，对于此次浙江高考改革新政，不仅仅是学生、家长，连一些教育界的专家也都有这样或者那样的顾虑。为什么选择浙江作为率先启动高考改革的试点省份？浙江的高考改革的核心理念和亮点是什么？新政下的浙江高考到底怎么考？相对应的高校招生环节怎么改？我们为您一一解读。

第四十七问　改革试点的重担为何落到浙江肩上？

——浙江省近年来有一系列比较成功的改革实践

家住浙江省台州市的刘女士因为儿子今年升入高三，所以一直很关注浙江省的教育改革等方面的新闻。她注意到最近两年来浙江省的高考招生制度综合改革试点的新闻报道层出不穷，所以一直比较"揪心"，尤其是最近从新闻报道里第一时间获悉全国高考改革试点将在浙江省展开后，她坐不住了，立即给其他家长打电话交流，她们的第一反应就是，为什么会选择自己所在的省份来进行全国的高考改革试点？

放眼全国，近几年来教育事业飞速发展，各地的教育改革实践也是精彩纷呈。由于上海市在新课程改革中是独立划片的，因此浙江省的试点方案更具示范性，引发了热烈的讨论，各个方面、不同立场的各种意见都有。那么，为什么在上海之外只选择了浙江而不是其他地区作为高考改革试点省份呢？

[政策原文]

按照统筹规划、试点先行、分步实施、有序推进的原则，选择有条件的省（市）开展高考综合改革试点。及时调整充实、总结完善试点经验，切实通过综合改革，更好地贯彻党的教育方针，全面实施素质教育，增加学生的选择性，分散学生的考试压力，促进学生全面而有个性的发展。2014年上海市、浙江省分别出台高考综合改革试点方案，从2014年秋季新入学的高中一年级学生开始实施。试点要为其他省（区、市）高考改革提供依据。

——国务院《关于深化考试招生制度改革的实施意见》

[权威解读]

为什么改革选在浙江先行试点？浙江省教育厅有关负责人表示，改革试点之所以选择浙江，与浙江高中课改和高考招生制度改革的良好基础有关。近年来，浙江进行的一系列比较成功的改革实践，为推进这次高考招生制度综合改革试点创造了条件。

一是已实施了多元化的高考招生改革。从 2008 年开始，部分高考科目实行平时考，考生每科可参加两次考试，并自主选用考试成绩。2009 年起实行高考分类考试，考生可自主选择考试类别。2011 年起率先尝试"三位一体"招生，实行综合评价、择优录取。此外，平行志愿、高职提前招生、单考单招等改革均已有多年实践经验。

二是已在普通高中全面推行了学生选课和走班制教学。浙江从 2012 年就开始实施深化普通高中课程改革。改革的重心是加强选修课建设，同时实行学分制、走班制和弹性学时等制度。这些举措与这次高考招生改革推进学生和高校可选择考试科目、实行高考必考科目与选考科目结合的思路完全一致。

三是已全面建立了普通高中学业水平考试制度。从 2013 年开始，浙江省实施与课改相适应的普通高中学业水平考试。由考试招生机构按照高考要求组织管理。考试安排在标准化考点、考场进行；实行全省统一命题、统一施考、统一阅卷、统一评定成绩；全科开考、一年两次，学生每科可自主选择参加两次考试，并选用其中一次成绩；成绩报告采用等级制。这为学考成绩纳入高考选拔评价体系提供了制度支撑。

四是已形成了比较完备的、确保公平的制度体系。浙江高校招生全面推行阳光工程，相继建立了严格的工作管理目标责任制、"三个一律"刚性计划管理制度、数据信息"三备份、三分离"制度、政策加分"三级审核、三级公示"制度、高校综合素质测试的"三项机制四个制度"等，形成了考试招生各环节环环相扣的管理和监控体系，为全面深化高考综合改革提供了比较完备的公平制度保障。

此外，浙江在前期已做了扎实的高考招生改革准备。自 2012 年深化普通高中课程改革开始，就着手酝酿与之相配套的高考招生改革方案；按照教育部总体部署，从 2013 年 7 月正式开始研究新一轮高考招生制度综合改革试点方案，进行了比较充分的前期调研和准备；方案制订广泛听取了各方面的意见建议，集思广益，不断完善。

正所谓"不打无准备之仗"，选择浙江作为改革试点并不是"脑门一热"的决定，国家选择浙江作为试点是与其长期以来在教育改革探索中做出的大量努力息息相关的。

第四十八问 浙江高考改革的核心理念是什么？

——扩大学生学校双向选择权

当看到报纸上的一则关于高考改革的长篇介绍后，处在高一的林同学的爸爸对记者坦言，自己彻底"晕菜"了。因为这次高考改革涉及方方面面，而不是家长想象中的某个具体的"点"的改变。这次浙江高考改革，从考试科目、考试时间、填报志愿、高校招生等多环节、多程序制定了大量具体的改革举措，那么，这些改革举措最核心的理念是什么呢？

[**政策原文**]

实行统一高考和高中学业水平考试（以下简称高中学考）相结合，考生自主确定选考科目，高校确定专业选考科目及其他选拔条件要求，综合评价，择优录取。

……

考生根据本人兴趣特长和拟报考学校及专业的要求，从思想政治、历史、地理、物理、化学、生物、技术（含通用技术和信息技术）等7门设有加试题的高中学考科目中，选择3门作为高考选考科目。

……

高校根据自身办学定位和专业培养目标，分专业类或专业确定选考科目范围，但至多不超过3门，并在招生2年前向社会公布；考生选考科目只需1门在高校选考科目范围之内，就能报考该专业（类）。高校没有确定选考科目范围的，考生在报考时无科目限制。

高校可对考生高中阶段综合素质评价提出要求，作为录取参考。

——《浙江省深化高校考试招生制度综合改革试点方案》

[权威解读]

◎ 把更多的选择权交给学生和高校

浙江省教育厅长刘希平：高考招生制度改革的最大的特点是体现了我们一个选择性的思想，最大限度地给学生选择，最大限度地给学校选择。

在他看来，所谓选择性思想就是基于学习首先是建立在兴趣基础上，建立在自己能力基础上，进一步建立在志向基础上。为了兴趣，自己又有能力学习，将来又愿意致力于做这件事，这样的学习是发自于内心，学生有积极性，所以可以学得好。秉承让学生快乐学习的教育思想，浙江在设计高考招生制度改革方案时，最大化地让学生自主选择，同时也给高校一定的自主选择权。

浙江工业大学党委书记、教授梅新林：这次浙江省的高考改革增加了学生的选择权，有助于学生的个性化发展；扩大高校招生自主权，有助于提高人才培养质量；注重学生与高校双向选择的紧密对接，有助于从程序公平走向内涵公平。改革方案秉持选择性教育的核心理念，紧扣学生与学校两个落脚点，促进彼此在双向选择中的相互对接和"认同"。梅新林做了一个形象的比喻：以往提供的是"套餐制"，现在改为"自助餐制"，彼此的根本区别在于自主选择性，如果说前者是程序性的公平，后者则是内涵性的公平，因而是更为本质的公平。

不过也有专家提醒，将更多的选择权赋予考生和学校，无疑是很好的改革初衷，但是也要注意实践中的扭曲和失真。

中国教育科学研究院基础教育课程研究中心主任杨九诠：浙江省新的高考改革刚刚开始，情况复杂是可以料想的；政策的失真与扭曲，政策的变通与应急，都可能程度不同地出现。所以分析政策，不应一味追求和坚守观点的内部自洽，而要尽可能进入到具体的执行过程中。就拿学科选考来说，让考生选自己想学且自己认为学得好、感兴趣的科目进行考试，真正做到"考自己所长""考自己所好"。这是政策上的一大亮点，也是政策上的重大突破。相信有些高中学校会做得很好，但从目前一些学校的做法看，似乎不宜过于乐观。不少学校已经开始实施"特色学科""优势学科"建设，表面上是为了学生的选择，为了高中多样化发展，实质上是奔着录取率、一本上线率、"985工程"高校录取率、清华北大录取率而去的，背后是利益最大化的功利驱动。

北京大学考试研究院院长秦春华：许多学生不知道自己喜欢什么，甚至不知道自己不喜欢什么，只会按照老师和家长告诉他们的明确要求去执行。不但学生不具备选择意愿和能力，由于教育背景限制，家长同样也不具备。因此，在面对人生重要的一次高考志愿填报的选择上，中学（老师）就掌握了相当大的控制权。也就是说，学生的选择权在很大程度上将被中学（老师）的选择权所替代。他们可以左右甚至决定学生的选择。

[案例]

◎ 学生和高校多了哪些选择权？

考生：

1. 升入高校的通道有了选择。考生可根据实际情况，在四种考试招生模式中选择比较适合自己的模式。高职提前招生中，考生可同时报考多所高校，一档多投，并可同时被多所高校拟录取，由考生选择确认其中1所录取高校。

2. 参加考试有了更多的选择。在统一高考招生中，考生可根据本人兴趣特长和拟报考学校及专业要求，自主选择选考科目，以及选考科目的考试次数、时间。在单独考试招生中，考生可自主选择职业技能考试的类别、次数和时间，还可选择是否参加英语考试。

3. 对自己考试成绩的使用也有了选择。选考科目、外语科目、职业技能的两次考试成绩中，考生可自主选用一次考试成绩计入高考总分。

4. 报考高校专业的选择权得到了更充分的尊重。在统一高考招生和单独考试招生中，实行"专业＋学校"志愿，按专业平行投档，考生可以自主选报专业。

高校：

1. 可以根据办学定位，选择不同考试招生模式；确定是按专业类别还是按具体专业招生录取。

2. 可以根据专业需要，确定招生要求，包括选考科目范围、综合素质评价使用等。

3. 在"三位一体"招生和高职提前招生中，确定综合素质测评内容标准及方式。

第四十九问　改革后的浙江高考到底怎么考？

——四种模式，不分文理，七选三，三位一体

"什么？有四种考试模式？还有必考与选考？那到底都要考什么内容啊？"小吴的妈妈看完改革方案，觉得好复杂，让小吴好好给她讲讲。

事实上，四种模式包括统一高考、高职提前招生、单独招生、"三位一体"招生。其中，统一高考招生实行高考与学考、必考与选考相结合，高职提前招生实行高中学考或职业技能与综合素质相结合，单独考试招生实行文化素质与职业技能相结合，"三位一体"招生实行统一高考、高中学考和综合素质评价相结合。这四种考试招生模式均强调评价选拔的综合性，推进人才评价选拔从单一向综合转变。

[图解浙江高考方案]

◎ 浙江高考考什么、怎么考

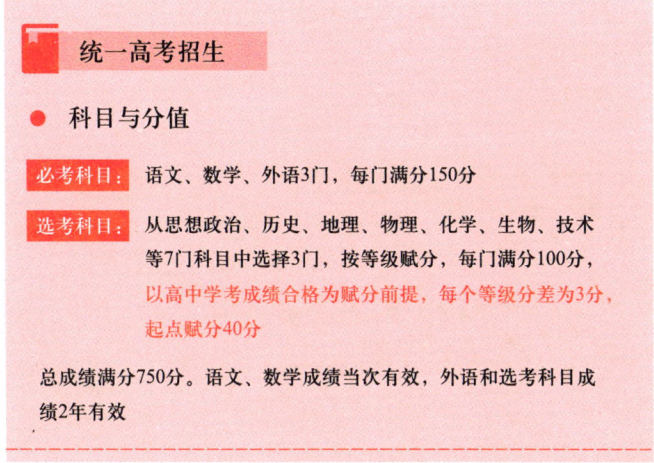

统一高考招生

● 科目与分值

必考科目：语文、数学、外语3门，每门满分150分

选考科目：从思想政治、历史、地理、物理、化学、生物、技术等7门科目中选择3门，按等级赋分，每门满分100分，以高中学考成绩合格为赋分前提，每个等级分差为3分，起点赋分40分

总成绩满分750分。语文、数学成绩当次有效，外语和选考科目成绩2年有效

- 考试
  - 语文、数学考试每年 6 月进行
  - 外语每年安排2次考试，在 6 月和 10 月进行
  - 选考科目每年安排2次考试，在 4 月和 10 月进行
  - 外语和选考科目考生每科可报考2次，选用其中1次成绩

 高职提前招生
  - 普高学生以高中学考成绩为基本依据
  - 中职学生以全省统一组织的职业技能考试成绩为基本依据

 单独考试招生

高职院校面向中职学校(包括中专学校、技工学校)招生，探索把试点范围有计划地扩大到普通高校应用型本科专业

- 科目与分值

| 文化考试科目： | 语文、数学2门，每门满分150分 | 单独考试，单独命题。可选择参加全国英语等级考试一级考试 |

| 职业技能考试： | 分17个大类，学生可自主选报1~2个类别，满分300分 | 考试每年组织1次。同类考试允许学生最多参加2次。成绩有效期为2年 |

总成绩满分600分

外语不作统一要求，不计入总成绩

 "三位一体"招生
  - 将考生统一高考、高中学考和综合素质评价成绩按比例合成综合成绩，"三位一体"，综合评价，择优录取

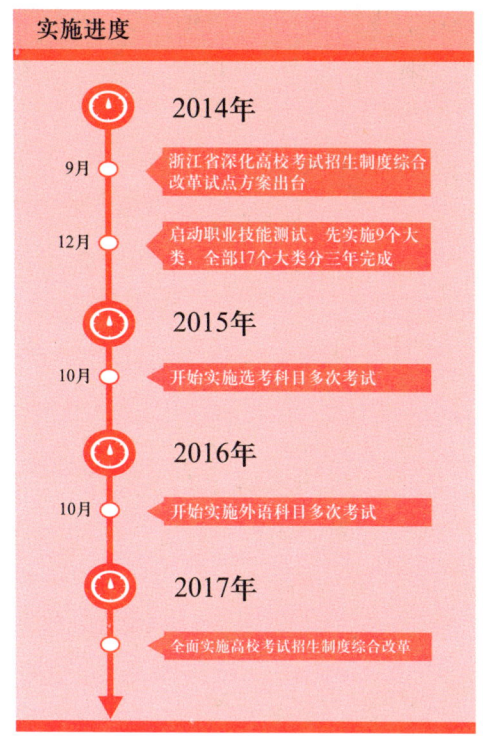

[解读]

◎ 选考科目何时选？怎么选？

1. 选考科目什么时候选定？为什么？

每一门选考科目，可由考生自己在考前选择，具体在实际报考该科目时确定。在这个时候来选定，可有利于引导学生在课程学习时就能按个人兴趣特长合理规划和安排，有利于学生在共同的基础上学有所长。如果在考后再来选定，那么很多人会选择把多个科目甚至全部7个科目都作为选考科目参加考试，这势必不利于引导学生专长的养成，也会大大增加学生学习和考试负担。

2. 怎样选报选考科目？

考生可以结合自己的兴趣特长，根据拟报考学校专业要求，从思想政治、历史、地理、物理、化学、生物、技术（含通用技术和信息技术）等 7 个高中学考科目中，选择 3 科作为选考科目，每科最多参加 2 次考试。

3. 外语与选考科目成绩两年有效期怎样计算？

外语与选考科目成绩两年有效期，是以考生参加 6 月份全国统一高考首日为基准日期，倒推两年的时间来计算的，以方便考生结合自身实际，统筹安排修习学业和考试的时间。

4. 选考科目为什么要考必考题又考加试题？

作为高中学考，该科目考生只需考必考题，必考题考试内容为该科目必修内容。作为高考选考科目，该科目考生除了需考必修内容外还需考加试题，加试题考试内容既包括科目必修内容又包括选修内容。设置加试题，主要是为了利于学生更充分展现自己的学业水平和学科特长，利于学生为进入高校后的学习奠定较扎实的相关专业学科基础。同时，也增加考试区分度，有利于高校科学选拔人才。

5. 选考科目为什么采用等级赋分？

选考科目按等级赋分，每门满分 100 分，以高中学考成绩合格为赋分前提，根据事先公布的比例确定等级，每个等级分差为 3 分，起点赋分 40 分。选考科目不使用卷面得分，主要因为：

第一，不同科目的卷面得分缺乏可比性。选考科目由考生自主选择，不同科目考试内容和难度会不同，把不同科目考试卷面得分机械相加合成总成绩给考生排序显然不够合理。

第二，不同科目实行等级分相对可比。等级分是根据事先确定并公布的各科相同的比例，先按考生的卷面得分划定相应等级，再按等级赋分，相同的等级分数相同，进而使不同科目的分数具有相对可比性。

第三，实行等级分在浙江已有实践基础，在"三位一体"和高职提前招生中使用等级分都已多年。

6. 选考科目等级起点赋分为什么设置为 40 分？

浙江高考选考科目以高中学考成绩合格为赋分前提，有利于进一步增强高考与高中学习的关联度，体现高考与学考相结合，体现高中教学的基本要求，利于学生为进入高校学习打下更扎实的学科基础。

选考科目的学考部分为必考题，必考题满分 70 分，按占比 60% 左右的分数作为考试合格标准，对选考科目采用等级赋分时，设置高中学考成绩合格赋分 40 分相对比较合理。

◎ 高中三年该如何安排

面对新高考方案，七选三，该选哪三门？如何安排自己的学习与职业生涯规划？相信这是许多学生共同的问题。对此，浙江省教育考试院副院长刘宝剑建议：

1. 考生应全面了解高考招生的政策规定，弄清自己有哪几条升学通道，今后喜欢（擅长）从事哪些工作，想读哪类专业和学校，高中阶段应当做好哪些准备。

2. 考生要在老师、家长的帮助下，了解高中课程设置和学科特点，采用"排除法""渐进式"，扬长避短，及早确定高考选考科目，制订各科学习和报考计划。

3. 高中三年可以大致这样安排：高一熟悉各科特点，确定 2 门"不选"科目，并适当增加学习时间；高二上学期报考 2 门学考，高二下学期再报考 2 门学考，力争"首考如愿"；高三上、下学期报考语数（含学考）外和 3 门选考；4 门学考的第二考应在高三上学期结束。

此外，刘宝剑还建议面对新高考，考生们要主动与老师、家长和同学沟通交流，还要适当关心高校人才培养和经济社会发展，拓宽视野，丰富阅历，以便更好地找准定位、自我发展、服务社会。

第五十问　改革后的高校招生到底怎么招？

——专业＋高校，按专业平行志愿投档，综合评价

高考制度改革的两个关键环节是"考试"和"录取"，也就是"怎么考"和"怎么招"的问题。有专家认为，高考改革更关键的还是在改革高校招生制度。这次浙江高考改革在调整考试制度的同时，也加大了对高校招生录取制度的调整力度。

[**政策原文**]

◎ 录取不分批次，实行专业平行投档

1. 统一高考
- 高校根据自身办学定位和专业培养目标，分专业类或专业确定选考科目范围，但至多不超过3门，并在招生2年前向社会公布。
- 考生选考科目只需1门在高校选考科目范围之内，就能报考该专业（类）。
- 高校没有确定选考科目范围的，考生在报考时无科目限制。
- 高校可对考生高中阶段综合素质评价提出要求，作为录取参考。
- 考生志愿由"专业＋学校"组成。
- 录取不分批次，实行专业平行投档。填报志愿与投档按考生成绩分段进行。

2. 高职提前
- 高校根据有关规定确定报考条件、选拔评价办法和录取规则，并在招生章程中公布。
- 高校对考生文化素质和职业适应性进行综合评价，择优录取。
- 考生可报考多所高校，并可同时被多所高校拟录取，考生选择

确认 1 所录取高校。
- 已被录取的考生不再参加其他考试招生。

3. 单独考试
- 高校分专业类或专业确定文化和职业技能考试成绩要求，也可提出外语成绩以及其他要求，并在招生章程中公布。
- 考生志愿由"专业＋学校"组成。
- 录取不分批次，按考生总成绩，分大类实行专业平行投档。

4. 三位一体
- 高校确定报考条件、综合素质测试内容和实施办法、综合成绩合成比例、录取规则等，在招生章程中公布。高考成绩占比原则上不低于综合成绩的 50%。
- 考生自主向相关高校报名，参加高校的综合素质测试，并按规定参加高考。
- 高校组织专家组，根据考生高中综合素质评价等材料，进行初次遴选；按照随机匹配、相互制约、全程录像、公平公正的要求，组织综合素质测试，进行再次遴选；按照综合成绩，择优录取。

[解读]

1. 选考任何 3 门，至少可以报考约 66% 的专业（类）

按照浙江高考改革方案，与高考改革相配套的 2017 年高校选考科目方案目前已经公布，拟在浙江省招生的全国 1368 所高校公布了各自选考科目范围，涵盖 2.37 万余个专业（类）。

其中，有 500 余所高校没有提出选考科目要求；各高校所有专业（类）中，不限选考科目占 54%，设限选考科目占 46%，其中设限范围为一门的占 5%，2 门的占 8%，3 门的占 33%。各校提出选考科目要求的专业（类）中，选择最多的是物理，涉及设限专业（类）的 81%；

其次是化学，涉及64%；再其次是技术，涉及36%；生物、历史、地理、政治分别涉及32%、19%、15%、13%。

根据改革方案，各高校专业（类）设限选考科目范围至多3门，相关要求适用于2017年参加浙江省新高考统一考试招生的考生，考生只要一门选考科目符合高校设限要求即可报考。具体是指：高校指定为一门的，只有选考了该科目的考生才能报考；指定为2～3门的，考生选考科目中只需一门在高校确定的选考科目要求范围内，就能报考该专业（类）；无选考科目设限要求的，考生无论选考何科目均可报考该专业（类）。

据统计，考生选考物理即可报考（包括高校设限选考科目为物理或没有设限选考科目）的专业（类）达到91%，化学达到83.5%，生物达到68.8%，政治达到59.7%，历史达到62.8%，地理达到60.9%，技术达到70.6%。考生选考任何3门，至少可以报考约66%的专业（类）。

2. 浙江高考改革的文件体系包括哪些？

浙江省教育厅关于适应高考招生改革变化 统筹安排普通高中课程教学的指导意见

浙江省普通高中学业水平考试实施办法

浙江省普通高校招生选考科目考试实施办法

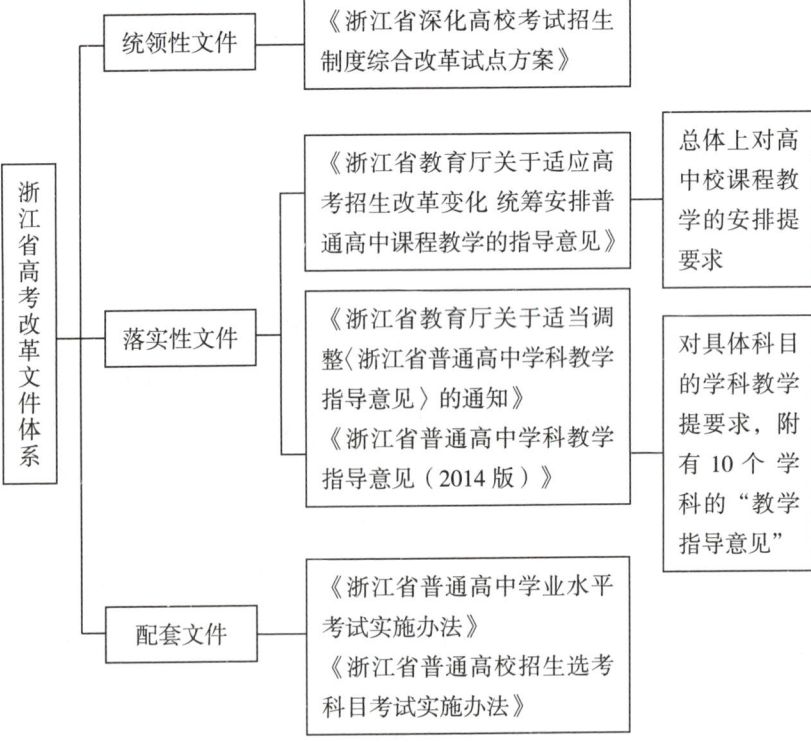

后 记

本书的编辑出版得到了北京师范大学、中国教育报刊社、高等教育出版社等单位的大力支持，是集体智慧的结晶。本书由国家教育咨询委员会委员、北京师范大学资深教授顾明远，中国教育报刊社总编辑翟博担任主编，北京师范大学滕珺，中国教育报刊社李凌，高等教育出版社苏伶俐、傅雪林参与了前期的策划、资料搜集等工作。中国教育报刊社李凌、宋伟涛、赵天骄、杨桂青、张春铭、朱哲、张滢、万玉凤、高毅哲、刘博智、翁小平、黄金鲁克、余闯、齐晓君等记者、编辑参与了本书的采访、撰写工作，对国家教育咨询委员会委员谈松华、国家教育咨询委员会委员陶西平、教育部基础教育二司司长郑富芝、教育部国家教育发展研究中心主任张力、教育部考试中心主任姜钢、山东省教育厅副厅长张志勇、厦门大学教授刘海峰等多名专家（还有部分专家均已在文内注明）进行了采访，在此基础上形成了书稿主体部分。李凌、宋伟涛、赵天骄、程恺伦等同志参与了后期统稿和修改工作。教育部官方微信、中国教育报、人民教育、中国高等教育、中国民族教育、中国教育新闻网、中国教育在线等媒体为本书撰写提供了部分新闻、图片和视频素材。在此，一并致谢。

本书编写组

2016 年 5 月 10 日

郑重声明

高等教育出版社依法对本书享有专有出版权。任何未经许可的复制、销售行为均违反《中华人民共和国著作权法》,其行为人将承担相应的民事责任和行政责任;构成犯罪的,将被依法追究刑事责任。为了维护市场秩序,保护读者的合法权益,避免读者误用盗版书造成不良后果,我社将配合行政执法部门和司法机关对违法犯罪的单位和个人进行严厉打击。社会各界人士如发现上述侵权行为,希望及时举报,本社将奖励举报有功人员。

反盗版举报电话 (010) 58581999 58582371 58582488
反盗版举报传真 (010) 82086060
反盗版举报邮箱 dd@hep.com.cn
通信地址 北京市西城区德外大街 4 号
高等教育出版社法律事务与版权管理部
邮政编码 100120

反盗版短信举报

编辑短信"JB,图书名称,出版社,购买地点"发送至 10669588128
短信防伪客服电话
(010) 58582300